Thomas Chorherr

ÖSTERREICH: Hinter den Kulissen der Politik

UEBERREUTER

Für Christa

Das säurefreie und alterungsbeständige Papier EOS liefert Salzer, St. Pölten
(hergestellt aus chlorfrei gebleichtem Zellstoff aus nachhaltiger Forstwirtschaft).

ISBN 978-3-8000-7520-1

Covergestaltung: Thomas Esterer
Coverfoto: Die Presse / Archiv

Gedruckt in Österreich
7 6 5 4 3 2 1

Ueberreuter im Internet: www.ueberreuter.at

Inhalt

Schon Pilatus wollte es wissen

Journalismus heute oder: Was ist Wahrheit?

Eigentlich war es ganz anders.

Eigentlich. Oder doch nicht? Aber es waren doch Zeugen dabei. Haben sie sich geirrt? Können sich Augen- oder Ohrenzeugen irren? Gewiss, irren ist menschlich, sagt man. Zeugen sind Menschen. Aber können sich auch Zeitzeugen irren? Die vor allem, meine ich.

Und da kommt jene Frage ins Spiel, die vor mehr als zweitausend Jahren von einem gestellt wurde, der unversehens ins Credo geschlüpft ist. »Was ist Wahrheit?«, soll Pontius Pilatus gefragt haben. Was er wissen wollte, erfuhr er nicht – weder im Evangelium noch vermutlich nachher.

Was ist Wahrheit?

Mir gefällt eine Antwort am besten: Die Wahrheit ist eine Tochter der Zeit. Genauso wie die Geschichtsschreibung eine Tochter des Standpunkts ist. Wir wissen, was wir getan hätten, wenn wir damals gelebt hätten. Oder nicht? In der Tat: Wir alle sind Söhne und Töchter der Gegenwart. Wir leben heute. Wir sind aber auch Wegbegleiter der Zeit. Und weil jede Zeit ihre Geschichte hat, sind wir auch Wegbegleiter der Zeitgeschichte.

Journalisten sind Tagelöhner der Literatur, hat mir ein alter Zeitungsmann einmal gesagt. Literatur? Möglicherweise. Manche im Mediengewerbe sind Literaten, bemühen sich jedenfalls, welche zu sein. Ihre Reportagen sind aus dem Leben gegriffen. Aber sie sind doch Tagelöhner. Ihr Lohn ist, den Tag so geschildert zu haben, wie er war. Es gibt nichts Älteres als die Zeitung von gestern, heißt es.

Wir, die Journalisten, haben den Tag, jeden Tag zu unserem Arbeitsgebiet gewählt. Mein alter Onkel – Gott hab ihn selig – hat immer spöttisch zu mir gesagt, er glaube einer Zeitung nur das Datum. Der »Presse« ist es – Ätsch! – einmal gelungen, auch diese Überzeugung obsolet zu machen. Infolge eines drucktechnischen Irrtums ist damals die falsche Datumszeile erschienen. Mein Onkel hat es nicht gemerkt.

Journalisten sind Zeitzeugen. Kann es wichtigere geben? Sie sind nicht nur Tagelöhner der Literatur (die sie meiner Meinung nach nicht sind), sondern vor allem Tagelöhner der Geschichte. Sie produzieren Unterlagen, die späteren Historikern als Quellen dienen. Sie sind Zeugen ihrer Zeit und haben es zum Beruf gemacht, diese Zeit zu schildern. Sie meinen, der Wahrheit verpflichtet zu sein, und stoßen doch immer wieder auf die Pilatus-Frage. Nochmals: Was ist Wahrheit? Und wieder: Sie ist eine Tochter der Zeit. Wahr ist, was wir dafür halten. Man kann es noch direkter sagen: Wahr ist, was unsere Meinung als wahr darstellt.

Bekenntnisse eines Journalisten?

Ich habe versucht, der Wahrheit nachzuspüren, als ich Vorsitzender des Österreichischen Presserats war und wir uns mit Beschwerden zu befassen hatten, die vermeintliche Unrichtigkeiten und Unwahrheiten zum Inhalt hatten. Vieles davon beruhte auf Hörensagen. Manches unterlag der alten journalistischen Floskel, die da lautet: »Unwahr ist …, wahr ist vielmehr …«

Wahr ist, was in der Zeitung steht?

Als Lektor am Publizistikinstitut fragte ich die angehenden Journalisten und Journalistinnen zu Beginn jedes Semesters, was ihrer Meinung nach die Hauptaufgabe des Berufes sei, den sie ergreifen wollen. Die Antworten waren mannigfach: Sie reichten vom Aufdecken über das Belehren und Beschreiben bis zum Kritisieren. Nur eine Antwort fehlte immer wieder: das Informieren. Was ich ihnen nicht gesagt habe, ist, dass der Apostel Thomas, wie mir vorkommt, eigentlich der Patron der Journalisten ist. Er wird im Volksmund

»der Ungläubige« genannt, im Evangelium »der Zweifler«. Check, re-check, double check …

Und damit wären wir wieder am Anfang. Eigentlich war es so. Oder auch nicht? Die Story des Erlebten muss nicht unbedingt heiter sein. Ich meine, dass es wohl kaum zwei Generationen gibt, die so viel erlebt haben wie unsere Eltern und wir.

Meine Mutter, Jahrgang 1899, hat jedes Mal geknickst, wenn Kaiser Franz Joseph von Schönbrunn über die Mariahilfer Straße in die Hofburg fuhr – in der offenen Kalesche, mit Leibkutscher und Adjutant und ganz ohne Bewachung, ohne »Bodyguards« würde man heute sagen. Dieselbe Frau hat Jahrzehnte später aus dem Fernsehen die Meldung von der Mondlandung eines Amerikaners erfahren.

Und meine Generation? Wir haben nach dem mörderischen Krieg, der Stunde null, aus rauchenden Ruinen den Wiederaufbau und die Entwicklung unseres Landes von den Trümmern zur Wohlhabenheit erlebt.

Aber ich schweife ab.

Als ich Journalist wurde, hatten die Telefonapparate eine Wählscheibe. Heute werden Revolutionen über Facebook und YouTube organisiert. Als ich Journalist wurde, schien die Freiheit des Landes außer Reichweite. Ich war dabei, als das Besatzungsregime seine letzten Zuckungen erlebte. Ich begann meine Karriere, als die Tageszeitungen, die von den Besatzungsmächten herausgegeben wurden, entweder schon eingestellt waren oder sich bereits in österreichischer Hand befanden. Das Blatt, das als erstes auf den Wiener Straßen verteilt wurde, war sowjetischer Provenienz und hieß bezeichnenderweise »Österreichische Zeitung«.

Sie sehen, ich kann nicht umhin, Sie zu Beginn dieses Buches mit ein wenig heimischer Zeitungsgeschichte zu behelligen. Ich kann nicht umhin zu erzählen, dass die erste wirklich österreichische Zeitung »Neues Österreich« hieß. Sie liegt mir – wiewohl seit Jahrzehnten eingestellt, gestorben, ja, auch Zeitungen werden bisweilen vom Tod hinweggerafft, aus politischen oder kommerziellen

Gründen – am Herzen. Ich habe mir dort meine allerersten journalistischen Sporen verdient. Es war ein Blatt, das zu Recht den Namen des Landes trug, das nun befreit war – wenn auch nicht frei. Es war ein Blatt, das sich den Untertitel »Organ der demokratischen Einigung« gegeben hatte – und die Herausgeberschaft zeigte, was unter dieser Einigung zu verstehen war.

Paul Hörbiger war dabei, der aus KZ-Haft befreite Leopold Figl, der Prälat Jakob Fried, der Kommunist Ernst Fischer, Ernst Czeija und der Universitätsprofessor Leopold Arzt.

»Österreicher! Zum ersten Mal seit sieben Jahren dürft ihr nun wieder in aller Öffentlichkeit mit diesem uns allen so teuren Namen angesprochen werden.«

So hieß es auf der ersten Seite der ersten Ausgabe. Und der Artikel schloss mit einer Absichtserklärung:

»So sollen und müssen alle Schichten und Richtungen unseres österreichischen Volkes zusammenstehen, um auf gemeinsamem Wege und in gemeinsamen Bemühungen zu dem zu gelangen, was der Name dieser Zeitung besagt: Zu einem neuen Österreich.«

Nimmt es wunder, dass auch die Jungen und ganz Jungen sich anstecken ließen von jenem Wir-Gefühl, das sich mit der Zeit zum Patriotismus entwickelte?

»Wir sind noch einmal davongekommen« hieß ein Schauspiel von Thornton Wilder, das nach Kriegsende im Theater in der Josefstadt gespielt wurde. Es galt mit Einschränkungen auch für das österreichische Pressewesen. Mein späterer Beruf schlug damals schon durch: Ich verschlang Zeitungen, wie und wo ich sie mir verschaffen konnte, buchstabierte mich bereits als Kind, als ich eben lesen konnte, durch Magazine, die ich kaum verstand, und wusste nicht, dass es so wenige Blätter gab, weil das Papier rar war.

Die Wahrheit ist eine Tochter der Erinnerung.

Ich kam zur Zeitung, als wir nicht wussten, wie das Land auf Dauer existieren könnte. Ich war dabei, als ein legendärer Politiker einen ebenso legendären Ruf vernehmen ließ: »Österreich ist frei!«

Ich glaube, dass schon das, was ich vorher erlebt und mitgemacht hatte, den Grundstein zu meiner späteren Berufswahl gelegt hat: erzählen, was geschieht. Mit Menschen sprechen, die etwas zu sagen haben, und das Gesagte dann kommunizieren.

Und vor allem auch: hinter die Kulissen zu schauen. Politik – seien wir ehrlich – ähnelt dem Theater. Allzu oft stehen Gaukler auf der Bühne. Allzu oft ernten sie Applaus, um dann später doch ausgepfiffen zu werden. Dem viel zitierten »Hosianna« folgt »Crucifige«. Ich werde diese Metapher noch häufig verwenden.

Beifall und harsche Kritik spielen sich vor den Kulissen ab. Hinter den Kulissen jedoch steckt die Wahrheit.

Mir war es vergönnt, manchmal hinter die Kulissen zu blicken. Deshalb habe ich dieses Buch geschrieben.

Kein Papier für das »Judenblattl«

Als auch die Zeitungen hungerten

Noch einmal – und sicher nicht zum letzten Mal: Die Wahrheit ist eine Tochter der Erinnerung, gewiss aber auch eine Tochter der Zeit.

Jede Chronologie missachtend darf ich Jahrzehnte zurückblättern. Die Zeit: 1946, zwei Jahre nach Kriegsende. »Die Presse« soll wieder erscheinen, nachdem sie Anfang 1939 eingestellt worden war. Noch hatte sie damals »Neue Freie Presse« geheißen. Der Titel aber war als »Deutsches Eigentum« von den Sowjets beschlagnahmt worden. Fragen Sie mich nicht, wieso und auf welche Weise – »Deutsches Eigentum« war gleichsam Freiwild in jenen Monaten. Demnach musste auf den Namen zurückgegriffen werden, den die Zeitung im Jahre 1848 getragen hatte, als sie im Lichte der neu errungenen Pressefreiheit geschaffen worden war.

Das Papier – das Zeitungspapier zumal – war rar in diesen Tagen. Immerhin waren auch schon die Tageszeitungen der damals besatzungsbehördlich genehmigten politischen Parteien erschienen. Auch die Nachfahrin der »Neuen Freien Presse« sollte wieder an die Kioske und in die Trafiken kommen. Innenminister war damals Oskar Helmer, ein in der Wolle gefärbter Sozialdemokrat und überzeugter Antisemit noch dazu. »Für des Judenblattl hamma ka Papier«, soll er verbürgten Quellen zufolge gesagt haben. »Die Presse« konnte zwei Jahre lang nur als Wochenzeitung erscheinen. Erst 1948 wurde das »Judenblattl« wieder Tageszeitung.

Wie kam die Zeitung – deren Mitarbeiter ich über viele Jahrzehnte war und auf deren Chefredakteursessel ich zwanzig Jahre lang sitzen durfte –, wie kam diese Zeitung zu der Helmerschen Bezeichnung, die er diffamierend meinte, die ich aber aus heutiger Sicht fast als Ehrentitel bezeichnen würde? Denn immerhin sind fast alle namhaften österreichischen Schriftsteller des vergangenen Jahrhunderts in dem Blatt vertreten gewesen, darunter sehr viele jüdische Schriftsteller.

Bin ich – unbewusst, weil mir dies ehrlich gesagt wurscht war – aus diesem Grund zur »Presse« gekommen? Ich bin kein Jude. Allein, ich bin auch kein »Arier«. Ich bin, was man nach den Nürnberger Gesetzen einen »Mischling« nannte. Ich war »Judenstämmling«, und zwar zweiten Grades. Mein Großvater mütterlicherseits war – ebenfalls in der Diktion der NS-Machthaber – ein »Volljude«, dessen Vater obendrein Nathan hieß. Demnach passte ich, wie mir heute scheint, durchaus in die Nachfolgerin der »Neuen Freien Presse«. Von alten Redakteuren lernte ich das seinerzeit gebräuchliche Redaktionsjiddisch. Bis heute ist es mir vertraut. Vielleicht nennen mich aus diesem Grund etliche Jüngere eine Journalistenlegende.

Szenenwechsel.

Ich war dabei, als das schwerste Bombardement am 12. März 1945 vor allem die Wiener Innenstadt teilweise zerstörte. Ich saß als Zwölfjähriger in einem zwei Stockwerke tiefen uralten Keller in der Postgasse und spürte die Bombeneinschläge im Boden, während das Licht flackerte. Ich bin dabei gewesen – und heil geblieben. Im Freien – was heißt »frei«? – sah ich die Verwüstungen. Die Staatsoper stand in Flammen, das Burgtheater lag in Trümmern. Die Museen waren schwer beschädigt, die Universität desgleichen. Es war, als ob irgendein Zielschütze irgendeines der viermotorigen Bomber gerade die baulichen Kunstschätze Wiens treffen wollte.

Ein Jahr vorher waren – »totaler Krieg!« – die Wiener Theater geschlossen worden. In der Oper war ich schon damals ständiger Stehplatzbesucher gewesen und hatte im Burgtheater Raimund gesehen und Schiller und – jawohl, auch – Max Mell, der, wie man mir nach Kriegsende sagte, ein Nazi war. Schillers »Wallenstein« hat mich als Zehnjähriger restlos begeistert. Die Titelrolle spielte Ewald Balser, 1955 habe ich ihn interviewt, als er den »Ottokar« gab.

Dass die Amerikaner gerade den 12. März gewählt hatten, um Wien den vermeintlichen Todesstoß zu geben, habe einen Grund gehabt, sagten die Leute. Am 13. März 1938 hatte sich der »Anschluss Österreichs an Deutschland« vollzogen. Die Erinnerung sollte uns im buchstäblichen Sinn eingehämmert werden. Auch den vielen Menschen, die in einem der damaligen »öffentlichen« Luftschutzräume im hinter der Oper gelegenen »Philipp-Hof« Zuflucht gesucht hatten, in einem großen Wohngebäude, dessen Keller für alle Passanten zugängig war. Ein Volltreffer ließ den Riesenbau einstürzen. Die Opfer zu bergen, war nicht möglich. Rund 300 von ihnen liegen noch immer dort unter der Erde. »Die Presse« hat später auf meine Veranlassung dafür gesorgt, dass ein einfaches Holzkreuz samt Inschrift an das furchtbare Geschehen und die vielen Toten unter der Erde erinnerte. Heute ist der Platz zu einem Mahnmal ausgestaltet, dessen Monumente von Alfred Hrdlicka stammen.

Ich bin dabei gewesen, als Wien zum »Verteidigungsbereich« erklärt wurde. Von Plakaten schrie es herunter: keine »offene Stadt«, so wie es Rom war, sondern eine, die von der SS und einem General namens Sepp Dietrich geschützt werden sollte.

Am 31. März 1945 verließen wir die Stadt und siedelten aufs Land nach Mauterndorf im Lungau. Das Schloss dort gehörte einem Mann, der früher der Zweite im »Reich« gewesen war und dann, aller Ehren entkleidet, unter SS-Bewachung nach Mauterndorf gebracht wurde. Er hieß Hermann Göring.

Es waren die letzten Wochen des Krieges. Ich sah, wie auf einer Wiese unweit des Bauernhauses, in dem wir untergebracht waren, eines Morgens ein einmotoriger »Fieseler Storch« startete. An Bord: Hermann Göring. In Tirol ist er dann von den Amerikanern verhaftet worden.

Aber noch gab es keinen Waffenstillstand. Britische und dann russische Kriegsgefangene lagerten auf einer umzäunten Wiese vor dem Haus. Deutsche Wehrmachtsoldaten hatten es sich im Heuschober bequem gemacht. Einer von ihnen blätterte in einem kleinen Buch. »Was liest du da?«, wollte ich wissen. »Goethes Faust«, sagte er. Und dann: »Jeder Deutsche sollte ihn in der Tasche haben!« Jahrzehnte später erinnerte ich mich daran, als ich erfuhr, dass der Mann, der später mein Vorgänger als »Presse«-Chef wurde, als Soldat im Krieg immer Hölderlin gelesen hatte ...

Ich war dabei, als im Radio gemeldet wurde, »unser Führer Adolf Hitler« sei »bis zum letzten Atemzug kämpfend den Heldentod gestorben«. Darauf erklang der Trauermarsch aus Wagners »Siegfried«. Ich war auch dabei, als am 20. Juli 1944 während eines Ferienaufenthalts im Burgenland im »Volksempfänger« eine andere Nachricht verkündet wurde: Ein Attentat auf Hitler sei von einem »Klüngel ehrloser Offiziere« verübt worden, aber »der Führer ist unverletzt«. Meine Mutter wandte sich an die Bäuerin und sagte etwas, an das ich mich immer erinnern werde: »Leider!« Die Umstehenden hielten dicht.

So wie wir Kinder dicht gehalten hatten, als mein Vater BBC hörte: »Hier ist England, hier ist England, hier ist England.« Und dann das Pausezeichen: Drei kurze Schläge und ein langer. Das Morsezeichen für »V« – der erste Buchstabe des Wortes »Victory«. Was wäre geschehen, wenn wir in der Schule nichts anderes getan hätten, als dieses »Bumm, bumm, bumm – bumm« nachzuahmen? Wenn gerade ich, ausgerechnet ich dies getan hätte? Ich wusste – und schwieg.

Als die Dawei-Gitarren spielten

Russen, Schwarzmarkt, Kalter Krieg

Wieder Szenenwechsel.

Russenzeit. Besatzungszeit. Mittelschulzeit. In mir regte sich der Berufswunsch Journalist, relativ bald für einen pubertierenden Vierzehnjährigen, und relativ intensiv. Ich verwendete einen Teil meines Taschengeldes, um Zeitungen zu kaufen. Das erwähnte »Neue Österreich« hatten wir daheim. Ich erstand täglich den »Wiener Kurier«, die Tageszeitung der Amerikaner, und die »Weltpresse«, die von den Briten herausgegeben wurde. Bei der »Weltpresse« habe ich später eine Zeit lang gearbeitet.

Russenzeit. Besatzungszeit. In meinem Buch »Wir Täterkinder«, erschienen vor zehn Jahren im Molden-Verlag, habe ich geschildert, was zu dieser Zeit, im Juni 1947, *»nicht nur die Wiener Schüler aufregen, sondern für höchste Erregung in ganz Österreich sorgen wird. Ein 16-jähriger Realschüler wird vor dem Tor seiner Schule von Russen entführt. Das Ereignis war in solcher Weise elementar, dass ich es immer wieder als Beispiel für die Repressionen und die Gefahr anführe, die wir, vielleicht sogar unbewusst, ertragen mussten.«*

Über die Entführung des Realschülers schrieb ein junger Reporter für eine Wiener Tageszeitung einen Artikel, der mir in besonderer Erinnerung geblieben ist. Er schildert die Begebenheit, wie sie in ihrer Einmaligkeit sogar aus dieser meiner »vorjournalistischen« Zeit unvergessen bleibt:

»Gestern um 7.30 Uhr wartete der sechzehnjährige Realschüler Johann Schloßnickel aus Favoriten an der Wand der Realschule in der Waltergasse auf die Öffnung des Tores. Außer ihm war noch ein ebenfalls verfrüht erschienener Mittelschüler anwesend. Plötzlich fuhr ein von ei-

nem Zivilisten gelenktes Personenauto, Type BMW, mit der Kennzeichennummer E 21460 vor. Zwei Uniformierte sprangen heraus, gingen auf den ahnungslosen Schloßnickel zu und zerrten ihn gewaltsam in den Wagen. Als Schloßnickel sich wehrte und um Hilfe rief, zogen die Uniformierten die Pistolen und bedrohten damit die Schüler und die sich ansammelnden Passanten. Anfangs versagte der Starter, sodass die Szene kurze Zeit andauerte, während der Junge um Hilfe schrie. Dann fuhr das Auto in der Richtung gegen die Innere Stadt davon. Bei der Balgerei mit den Uniformierten verlor Schloßnickel seine Schultasche und einer der Uniformierten seine Kappe.«

Ich meine, dass dieser Bericht mit dazu beitrug, dass ich Journalist wurde. Erzählen, immer wieder erzählen, das Erlebte mitteilen, kommunizieren.

Ich konnte es viele Jahre später am Fall Schloßnickel praktizieren. Der Bub ist von den Menschenräubern zuerst in die sowjetische Stadtkommandatur gebracht worden. Teuflischer Zufall: Sie war in dem Gebäude untergebracht, in dem sich früher der Stadtschulrat befunden hatte.

Etliche Menschen, die in der Russenzeit dort verhört wurden, sprangen aus dem Fenster. Eine Gedenktafel erinnert heute daran: »Sunt lacrimae rerum«, Tränen der Umstände. Noch im Jahre 1948 sind 268 Menschen von den Sowjets in Wien verschleppt worden.

Der Fall Schloßnickel endete für mich im Sommer 1955, als ich auf dem Bahnhof von Bad Vöslau den letzten Heimkehrertransport aus der Sowjetunion, aus dem »Gulag«, erwartete:

»Es war dies einer der wenigen Momente, in dem ich, damals schon Reporter der ›Presse‹, Tränen in den Augen hatte. Aus dem Zugfenster lehnte sich ein hagerer junger Mann mit Pelzmütze und russischem Wintermantel, und auf dem Perron stand der Direktor seiner Schule mit einer Gruppe ehemaliger Klassenkameraden. Noch bevor Johann Schloßnickel aussteigen konnte, überreichte ihm der Schuldirektor ein Dokument. Es war sein Maturazeugnis. Wenn jemand, sagte er, solches mitgemacht habe, habe ihn das Leben für reif erklärt.«

Reif für das Leben? Ich habe nie mehr etwas von Johann Schloßnickel gehört – wohl aber von Margarethe Ottilinger, die damals im selben Heimkehrerzug saß. Sie war als junge Spitzenbeamte eines Ministeriums 1948 von den Russen verhaftet und gleichfalls in ein Lager in die Sowjetunion gebracht worden. Nach 1955 setzte sie ihre Karriere als Managerin fort und beschloss sie als Vorstandsdirektorin der ÖMV. Noch ein schicksalhafter Zufall: Die österreichische Mineralölverwaltung war bis 1955 unter dem Titel »OROP« von den Sowjets verwaltet gewesen.

Russenzeit. Besatzungszeit. Der Innenminister namens Helmer – als Antisemit nicht rühmenswert, wie ich bereits schrieb – war dennoch auch einer, der uns Journalisten damals mutig erschien. Er sprach immer wieder vor Versammlungen im sowjetisch besetzten Niederösterreich und nahm sich, was die Übergriffe der Sowjets betraf, kein Blatt vor den Mund. Er hatte Courage.

Oder doch nicht? Bruno Kreisky, mit dem ich lange nach Helmers Tod über dessen Exkursionen sprach, versuchte, den Nimbus des Helden aus der Herrengasse zu zerstreuen. Der Innenminister habe sich aufgeführt wie jemand, der sich des Nachts im finsteren Wald fürchte und laut pfeife, um seine Angst zu vertreiben. Schau, schau! Genosse Kreisky diesfalls kontra Genossen Helmer?

Wieder ein paar Jahre später hatte ich ein Gespräch mit Franz Vranitzky. Ich erzählte, dass Kreisky meine Hochachtung vor Helmer getrübt habe. Vranitzky, indessen selbst SP-Obmann und Bundeskanzler, erläuterte geradezu historisch die wechselseitige Abneigung der beiden »Parteifreunde«. Kreisky, erinnerte sich Vranitzky, sei nach seiner Rückkehr aus Schweden zuerst Kabinettsvizedirektor in der Präsidentschaftskanzlei gewesen, während Helmer schon Innenminister war. Zu den regelmäßigen Treffen der SP-Spitzenfunktionäre in den Kellerräumen des »Konsum« in Döbling nahm Helmer den späteren Bundeskanzler, der über kein Auto verfügte, im Dienstwagen mit. Jedes Mal, wenn es so weit war, soll der Innenminister angerufen haben: »Kumm, Jidl, mir fahr'n!« Kreisky hat das nie vergessen.

Es war dies die Zeit, da ich mich erstmals als Journalist und zugleich Blattmacher betätigte. Ich war Chefredakteur der Schülerzeitung am Akademischen Gymnasium. Wir nannten sie »Iuventus« – wir waren ja schließlich Lateiner – und ließen sie in primitivem Maschinenschriftdruck erscheinen. Unser Blatt brachte das, was uns im Schulalltag eben von Interesse schien, die diversen »Kränzchen« (so nannte man damals die kleineren Schulbälle) eingeschlossen.

Freilich, als Reporter »arbeitete« ich schon früher, als Vierzehnjähriger. Auf Schüleraustausch in Frankreich erlebte ich eine »Kermesse«, einen Kirtag. Eine dürftig bekleidete Mädchenklasse tanzte. Ich nahm meine primitive kleine Kamera, zeigte meinen Pass und sagte frech, dass ich für eine österreichische Jugendzeitschrift Fotos zu machen hätte. Ich durfte die hübscheste der Tänzerinnen interviewen.

Auf Maturareise in Rom erlebten wir im Heiligen Jahr 1950 den Ostersonntag auf dem Petersplatz und tags darauf eine öffentliche Audienz im Dom. Pius XII. wurde segnend auf der Sedia Gestatoria, der großen Sänfte, durch das dichte Spalier getragen. Es war dies meine erste Begegnung mit einem Oberhaupt der römisch-katholischen Kirche – wenngleich par distance. Als mir Johannes Paul II. nach einer Privatmesse einen Rosenkranz gab, war ich bereits Chefredakteur, und als mich Josef Ratzinger anno 2001 in seinem Büro zu einem Gespräch empfing, war er noch Präses der Glaubenskongregation. Die Päpste meines Lebens.

Im Gestrüpp der CIA

Wie man als Journalist verdächtig wird

Journalist werden. Für eine Zeitung schreiben. Berichten, was man gesehen, erlebt, erfahren hat. Es war eigentlich immer schon mein Berufswunsch gewesen, nicht erst, seit ich für die Schülerzeitung schrieb.

Journalist werden! Einer meiner Klassenkameraden arbeitete bereits in den letzten großen Ferien vor der Matura für eine Wiener Tageszeitung. Warum nicht auch ich? Ich fasste Mut und klapperte einige Redaktionen ab: »Darf ich bei Ihnen zu arbeiten beginnen? Ich möchte Journalist werden!« Der Rat, den man mir überall gab, war immer der gleiche: »Machen Sie Matura und kommen Sie wieder!« Ein einziges Mal konnte ich bis zum Chefredakteur vordringen. Es war die »Arbeiter-Zeitung«, das damalige Zentralorgan der SPÖ, und ihr Chef war Dr. Oscar Pollak. Er war mit der SP-Nationalratsabgeordneten Marianne Pollak verheiratet, die 1963 zwei Tage nach dem Tod ihres Mannes Selbstmord beging.

Es war etwa fünfzehn Jahre früher, als ich bei Dr. Pollak vorsprach. Er bot mir, dem Gymnasiasten, freundlich einen Sessel an, plauderte mit mir, und als ich bereits Hoffnung auf einen Job zu hegen begann, sagte auch er: »Machen Sie Matura und kommen Sie wieder!«

Ich nahm mir den Rat zu Herzen und kam wieder – allerdings nicht zur AZ, sondern zum »Neuen Österreich«. Es war, wie ich als Halbwüchsiger damals meinte, die beste Zeitung. Ich kam nicht bis zum Chefredakteur, beileibe nicht. Man schubste mich in die Lokalredaktion. Dorthin verbrachte man Jobsuchende, um sie abzuwimmeln.

Das versuchte man auch mit mir. »Sie wollen Reporter werden?

Gehen Sie auf die Straße und schauen Sie, ob Sie etwas Interessantes sehen. Und dann erzählen Sie es schriftlich.« Mir war klar: Die wollen mich nicht, die brauchen mich nicht. Aber versuchen will ich es doch!

Und siehe da: Vor dem Burgtor standen Männer mit SS-Uniform und Stahlhelm. Heute? Im Herbst 1950? Der Pseudo-Reporter fragte. Ein amerikanischer Film über die Nazizeit wurde gedreht, das Burgtor sollte die Reichskanzlei darstellen.

Ich lief in eine nahe Papierhandlung und erstand Block und Bleistift. Dann fragte ich mich durch. Eine Stunde später stand ich wieder in der Redaktion. Man empfing mich erstaunt. »Ich hab schon etwas!«, rief ich. Ich möge es aufschreiben, sagte man mir. »Schreib das auf, Kisch!« Man sagte damals nicht »Schreib das«, auch nicht zu Egon Erwin Kisch, dem berühmten Reporter. Es hieß »Schreib das auf!«.

Mein Artikel, mit zwei Fingern mühsam auf einer Schreibmaschine geklopft, war zwanzig Zeilen lang. »Werden sehen«, sagte man mir. Ich ging und wusste schon auf der Stiege, dass ich als Journalist gescheitert wäre, wenn mein Erstlingswerk nicht alsbald in der Zeitung stünde. Am nächsten Tag war – nichts. Also aus? Nein, noch bis zur nächsten Nummer des »Neuen Österreich« warten.

Und dann: Triumph, Triumph! Den ersten Artikel, den ich je geschrieben hatte, konnte ich wirklich und wahrhaftig in der Zeitung lesen. Im »Neuen Österreich«. Da entschloss ich mich endgültig, Journalist zu werden – und zu bleiben.

Vorerst in dem Blatt, in dem man mich relativ freundlich akzeptiert hatte. Sein Chefredakteur war damals Dr. Rudolf Kalmar. Er ist es aus verschiedenen Gründen wert, näher vorgestellt zu werden.

Denn er war einer der besten Zeitungsmänner, die ich gekannt habe, und zudem ein Schriftsteller von Gnaden. 1921 hatte er begonnen – in einer Epoche, in der es in Wien zeitweilig rund zwanzig Tageszeitungen gab. Zuletzt war er beim »Wiener Tag« an leitender

Stelle tätig – ein Blatt, das am 13. März 1938 eingestellt wurde. Wenige Tage später schon war Kalmar einer jener Österreicher, die mit dem ersten Transport in das Konzentrationslager Dachau deportiert wurden. Erst 1944 kam er wieder frei – einer der Männer, die einander auf der »Lagerstraße« trafen, von verschiedener politischer und sozialer Herkunft, aber durch das Schicksal vereint.

In seinem Buch »Zeit ohne Gnade«, das 1946 erschien, hat Rudolf Kalmar das, was er im KZ erlebte und was über das NS-Regime zu sagen war, in erschütternder Weise dargestellt. Er war trotz allem ein Verfechter der Versöhnung. Nicht zuletzt deshalb wurde er zum Chefredakteur des »Neuen Österreich« bestellt, einer Zeitung, die im Eigentum aller drei damals existierender politischer Parteien stand: der ÖVP, der SPÖ und der KPÖ.

Als sich im September 1950 die Redaktion versammelte, um ihrem Chef zum 50. Geburtstag zu gratulieren, stand auch ich als Jüngster und Kleinster am Ende der Reihe. Ich durfte Rudolf Kalmar die Hand geben. Das war etwas! Ein paar Tage später traf ich ihn zufällig im Stiegenhaus. Ich grüßte ergeben. Und dann erzählte ich meiner Mutter, dass ich den Chefredakteur gesehen und gegrüßt hätte. »Und er hat mich wiedergegrüßt!« So streng waren damals – in den Redaktionen zumal – die Bräuche. Das ist heute anders.

Viele Jahre später war Rudolf Kalmar Chef des Literarischen Büros der Bundestheaterverwaltung und schrieb jene Gattung von Artikeln für »Die Presse«, die ihn schon in der Zwischenkriegszeit berühmt gemacht hatte: Feuilletons. Diese literarische Spezies wurde bis in die 1970er-Jahre vom Wiener Journalismus gepflegt. Als ich – damals mit der wohlklingenden Bezeichnung »Leitender Redakteur« versehen – für jenen Teil der »Presse« zuständig war, den wir »Die Seite 3« nannten, hatte ich auch Produkte jener journalistischen Kleinkunst zu bearbeiten, in der Rudolf Kalmar Meister war. Er stand hinter mir, wenn ich einen seiner Artikel »einrichtete«, und sorgte sich um jedes Wort, das ich unter Umständen ändern würde. Ich tat es nicht. Rudolf Kalmar wird für mich stets ein ehernes Denkmal bleiben. Was wir im Lateinunterricht lasen – »sic transit gloria mundi« – ist mir freilich später als politischer Journalist immer wieder und am Beispiel vieler Personen in Erinnerung gerufen worden.

Rudolf Kalmar jedenfalls war ein Journalist, den ich – wie ich glaube – aus guten Gründen als einen meiner Lehrer bezeichnen darf.

Es hat noch weitere gegeben: den Schriftsteller Friedrich Lorenz zum Beispiel, der den Lokalteil des »Neuen Österreich« leitete, als ich dort eintrat. Etliche seiner Bücher sind meiner Meinung nach Meisterwerke biografischer Literatur. Oder Hellmut Andics, dessen österreichische Geschichte unter dem Titel »Der Staat, den keiner wollte« zu Recht ein Bestseller wurde. Beide sind eigentlich das gewesen, was auch ich zu Beginn meiner Laufbahn als Zeitungsmann war: Lokaljournalisten. Obgleich ich später in das innenpolitische Ressort der »Presse« gewechselt bin, ist der Lokalteil noch immer jenes Feld, in dem Journalismus »pur« gelernt wird. Aber das nur nebenbei.

Kalmar hat mir sogar – sogar! – einen Brief geschrieben, als ich als Teilnehmer der ersten Gruppe von Fulbright-Austauschstudenten ein Jahr lang in den USA eine Universität besuchte. Er meinte, ich sollte nach meiner Rückkehr wieder im »Neuen Österreich« arbeiten – was ich auch tat. Allerdings nicht lange. Ich bewarb mich, frisch aus den Vereinigten Staaten kommend, um eine Position als Pressereferent der »Mission of Economic Cooperation«. So hieß damals das amerikanische Büro, das die Vergabe von US-Hilfsgeldern an die österreichische Industrie kontrollierte.

Meine Bewerbung hatte zur Folge, dass von der Central Intelligence Agency ohne mein Wissen meine »politische Zuverlässigkeit« überprüft wurde. Unsere Hausbesorgerin erzählte mir später, dass ein Herr sich erkundigt habe, ob ich ein junger Nazi gewesen sei und was ich denn überhaupt den ganzen Tag so treibe. Sie wusste nicht, was sie antworten sollte oder was der Frager hören wollte. Deswegen sagte sie: »Er ist halt katholisch.« Das schien ein Qualitätszeugnis gewesen zu sein. Der Frager war zufrieden.

Erst viel später habe ich mich an diese Episode, von der ich damals nichts wusste, wieder erinnert, als ich – schon längst Chefredakteur der »Presse« – feststellen musste, dass ich ahnungslos ins Gestrüpp der CIA geraten war, und zwar als Epigone meines Vorgängers Otto Schulmeister. Dieser war, wie man erst nach seinem Tod zu wissen glaubte, vom amerikanischen Geheimdienst als möglicher Kontaktmann angesprochen worden. Er hat, wie es aus amerikanischen Akten angeblich ersichtlich war, über Bitte oder auch Auftrag der Amerikaner seine Leitartikel so verfasst, dass sie der US-Außenpolitik beziehungsweise Washington entsprachen. Dass auch ich als CIA-Wunschkandidat infrage kam, ist aus amerikanischen Geheimakten ersichtlich, die vor ein paar Jahren aufgetaucht sind und vor allem aus dem Jahr 1973 stammen.

Denn Journalisten leben nicht nur gefährlich, wie die jüngsten Jahresberichte des Internationalen Presseinstituts zeigen, sie sind auch als Informationsträger gefährdet. Dies gibt auch Hugo Portisch zu, der einstige »Kurier«-Chefredakteur und spätere ORF-Kommentator. In einem Interview zum »Fall Schulmeister« sagte er unumwunden:

»Natürlich waren wir in dieser Zeit den Agenten ausgesetzt: Jedes Mal, wenn man zu einem Empfang gegangen ist oder zu einem Abendessen, ist man Gefahr gelaufen, dass der Gesprächspartner ein Agent war. Als politischer Journalist weiß man ja, dass nach einem Gespräch mit Diplomaten Aktennotizen gemacht werden.«

Natürlich konnte auch ich davon ein Lied singen. Ich bin heute zum Beispiel überzeugt, dass ein Mitglied der Sowjetbotschaft, ein Vertreter der dortigen Presseabteilung, mich nicht in ein Margaretener Restaurant (es war, nota bene, keines der obersten Kategorie) zum Mittagessen eingeladen hatte, ohne damit gewisse Absichten zu verbinden. Der KGB dürfte nachher ebenso enttäuscht gewesen sein wie die CIA.

Diese hatte offenbar meinen Studienaufenthalt in den USA und meine anschließende Tätigkeit bei der US-Wirtschaftsmission in Wien zum Anlass genommen, um mich insgeheim als allfälligen Kontaktmann in Aussicht zu nehmen. Der Geheimdienst hat viel über mich gewusst, sogar den Ort meines niederösterreichischen Wochenenddomizils. Dass ich, ebenso wie Alois Mock, mit dem damaligen, später unter Spionageverdacht verhafteten amerikanischen Diplomaten Felix Bloch befreundet war, der in Wien stellvertretender US-Botschafter gewesen ist, half, den Verdacht zu erhärten. In der Tat war Bloch, ein geborener Wiener, mit seiner Frau einmal in unserem Zweitwohnsitz im Piestingtal zu Besuch gewesen. Das Ehepaar – Frau Bloch hat sich später scheiden lassen – hat damals auch seinen kleinen Hund mitgehabt. Bezeichnenderweise hatten sie ihn »Mephisto« genannt.

Von der CIA hatte ich in den Akten, wie ich später gesehen habe, den Codenamen »Identity« erhalten. Doch ich bin offenbar für etwaige vertrauliche Aktionen unnütz gewesen.

Dies stellte sich aufgrund mehrerer Lunch-Unterhaltungen mit US-Diplomaten heraus, zu denen ich als »Presse«-Mann und ehemaliger Fulbrighter oft eingeladen war. Das Resümee:

»IDENTITY impresses one as an intelligent, perceptive individual with considerable exposure (including study in the U.S.) to things American. N. N. [der Name war im Akt gelöscht] had also remarked that IDENTITY was very knowledgeable on the local scene; and his employer's expert on things internal Austrian.«

Der »Employer« war Otto Schulmeister. Sein Codename war »Gramera«. Ich sei nur über Probleme der österreichischen Innenpolitik informiert und daher kaum von weiterem Interesse, heißt es in dem bewussten Akt, den ich später »zugespielt« bekam.

»When it was somewhat facetiously suggested that he would make an excellent candidate as the next Washington correspondent of his paper, he responded that in spite of his continuing interest in (and association with) things American he is rather settled in his ways.«

Auch was diese Tätigkeit ist, stand im als »secret« klassifizierten Akt:

»His forte remains the Austrian political imbroglio, a subject on which he writes with obvious knowledge and finesse.«

Eigentlich müsste ich stolz sein auf das, was die CIA über meine Qualifikation zu sagen hatte. Denn in dem bewussten Akt hieß es auch abschließend:

»In sum, IDENTITY is a pleasant, intelligent and stimulating conversationalist, who is doubtless worth an occasional contact for such insights as he can give on the local scene.«

Selbst Wikileaks hätte es nicht trefflicher formulieren können. Vielleicht haben die CIA-Experten sich bei »profil« erkundigt, das sich sehr eingehend mit der Causa »Schulmeister« befasste. Das Magazin schrieb nämlich:

»Im Laufe des Jahres 1965 konnte die CIA einen weiteren Konfidenten in der Presse gewinnen, ›von dem Schulmeister allerdings nichts weiß‹, wie im Bericht vom 12. Oktober 1965 zu lesen ist. Dem Akt ist ein Artikel von Thomas Chorherr beigelegt.«

Wahrscheinlich war auch er »with obvious knowledge and finesse« geschrieben.

Das Jahr des Heils

Mit Molotow am Flugplatz – und im Lift

»His employer's expert on things internal Austrian.«

Wahr, wie wahr. Ich bin zwar dem Sternbild nach Schütze, daher, wie es heißt, unter anderem auch reiselustig, und ich habe dies auch oft bewiesen. Aber es war doch immer eher die heimische Politik, genauer: die österreichische Innenpolitik, die ich als mein journalistisches Hauptaufgabengebiet sah. Gewiss, ich bin auch »fremdgegangen«. Mein erster Job als fix angestellter Redakteur (mit Mindestgehalt) war im außenpolitischen Ressort der »Weltpresse«. Die Zeitung, 1945 von der britischen Besatzungsmacht gegründet, ist später vom »Sozialistischen Verlag« übernommen worden.

Einer der ersten österreichischen Originaltöne ist – kurz vor dem 1. Mai 1954 – die Frage eines in Ehren ergrauten Genossen gewesen, mit wem ich denn marschieren werde: »Sie gehen wahrscheinlich mit Ihrer Sektion!«, sagte er. Dass ich dies nicht zu tun gedenke, weil ich keiner »Sektion« angehöre, kein SP-Mitglied sei und dies auch nicht zu werden beabsichtige, ließ ihn staunen. Dass ein junger Journalist (und das war ich gerade erst geworden) in einer sozialistischen Zeitung arbeiten dürfe, ohne Parteimitglied zu sein, war für ihn neu. Wir sind trotzdem gute Kollegen geblieben.

So wie ich auch mit dem damaligen Chefredakteur Walter Hacker, wenngleich als Jüngster in der Redaktion, in durchaus gutem Einvernehmen stand. Hacker schrieb ausgezeichnete Leitartikel, musste sich aber dafür stundenlang einsperren. Als ich, heiter von Gemüt, einmal laut lachte, stürzte er aus seinem Zimmer und schrie mich an: »Lachen Sie nicht so laut – Sie stören meine Kreise!«

Es war damals die Zeit der politischen Enttäuschungen, die uns alle niedergedrückt hatten, weil unsere Hoffnung auf völlige Freiheit nach der Befreiung immer wieder zunichte gemacht worden war. Allfällige Erwartungen, dass die alliierten Mächte schließlich doch einen österreichischen Staatsvertrag akzeptieren würden, sind stets aufs Neue zerstoben. Mit jeder Konferenz endeten auch die Hoffnungen.

Die Auswege, die der Lokalreporter, der ich damals war, einschlagen konnte, ergaben sich aus dem Studium der Telefonliste meines Notizbuchs. Wie schon im »Neuen Österreich« schien mir die Arbeit im Lokalressort interessanter als die unter den Außenpolitikern. Vor allem deswegen, weil ich anfangs als Jüngster um fünf Uhr früh in der Redaktion sein musste, um die Nachrichten aufzuteilen, die der Fernschreiber – jawohl, den gab es damals noch, als Primärquelle der Neuigkeiten – über Nacht ausgespuckt hatte.

Nein: Da war mir – O-Ton Österreich! – die Kapuzinergruft lieber. Lachen Sie nicht! Die Begräbnisstätte des österreichischen Herrscherhauses war ein Born unausgesetzten Materials für Lokaljournalisten. Denn die Zinnpest wütete. Einer der ersten Artikel, die ich als frischgebackener Wien-Reporter schrieb, handelte vom drohenden Verfall der Sarkophage. Das war 1954. Die Zinnpest bereitete den Verantwortlichen noch immer Sorge, als ich längst Chefredakteur geworden war. Es gibt in diesem Land journalistische Materien, die Ewigkeitswert haben. Und sie sind nicht nur in der Politik angesiedelt.

Meine Telefonliste, die ich damals immer wieder konsultierte, wenn es auf dem Lokalsektor nichts Besonderes zu rapportieren gab, enthielt auch die Namen jener Experten, die mit dem Wiederaufbau der durch Bomben zerstörten Kulturdenkmäler befasst waren. So wie heute der Politologe vom Dienst, der Staatsrechtler, der immer bereit ist, der Philosoph, dessen Auskünfte stets eingeholt werden können, oder der permanente »Aufdecker«, so wie jene also, die allzeit für Fragen des ORF-Repertoires griffbereit parat stehen, hatten wir PRINT-Journalisten damals Experten für die Neugestaltung der Opernbühne, der Burgtheaterlogen oder der diversen Denkmäler gleichsam in der Tasche. Es waren ungezwungene Interviews, es gab keine Pressestellen, die man zu konsultieren hatte.

Es war eine Lust, Lokalreporter zu sein, auch wenn ich eigentlich Außenpolitiker zu sein hatte. Sogar der Stephansturm hielt es mit dem Lied, das die Wiener nach Kriegsende in eine elegische Stimmung versetzte: »Wann der Steffl wieder wird, so wie er war ...« Er war es nicht übers Jahr, aber auch nicht viel später.

In dieser Zeit kam ich zur »Presse«, genau am 1. Februar 1955. Vier Wochen vorher, Silvester 1954, hatte ich mit einigen Freunden und Kollegen Silvester gefeiert. Die Pummerin tönte – sie war 1951 im Triumphzug von St. Florian, wo sie neu gegossen wurde, nach Wien heimgeholt worden – und wir hielten still, bevor der Donauwalzer begann. Ich sagte, oder vielleicht dachte ich nur laut, ich weiß es nicht mehr: »Jetzt sind wir bald zehn Jahre besetzt!« Auf dem Stephansplatz wurden Raketen abgefeuert, Paare drehten sich im Walzertakt, O-Ton Österreich!

Das Jahr 1955 begann. Dass ich am 1. Februar von der »Weltpresse« in die »Presse« wechselte, weil mir die Aufgaben dort interessanter schienen, war ein Zufall.

Dass es aus österreichischer Sicht ein Jahr des Heils werden sollte und dass ich bei der Geburt der echten, wahren Freiheit dieses Landes dabei sein würde, ahnte ich noch nicht. Ich hoffte nur. Wir alle hofften. Obwohl wir im abgelaufenen Jahr bitter enttäuscht worden waren. Nicht nur die Journalisten, aber die vor allem. Auch ich. Kriegszeit, Bombenzeit, Russenzeit. Ich war zwar noch ein Grünschnabel im Zeitungsgewerbe, aber gerade das hatte mich zu einem glühenden Patrioten gemacht. Obzwar sich auch in mir, nach meinem Studienaufenthalt in den USA, der Wunsch, Europa zu verlassen und »drüben« ein neues Leben zu beginnen, eingenistet hatte. »Wenn du nach sechs Monaten noch immer nach Amerika drängst, dann musst du gehen – dann bist du für Österreich verloren«, sagte ein Freund. Er hatte recht. Nach sechs Monaten bin ich geblieben – und zwar sehr gerne. Trotz vierfacher Besatzung und ohne Aussicht auf Freiheit.

Diese Aussicht schien vollends getrübt, als nach der Berliner Außenministerkonferenz im Februar 1954, zu der auch Leopold Figl mit einer Wiener Delegation gereist war, der sowjetische Außenminister Molotow den österreichischen Staatsvertrag mit Bedingungen servierte, die nicht zu erfüllen waren: Der Abzug der Sowjets aus Österreich sollte erst nach einem Friedensvertrag mit Deutschland erfolgen. Figl kehrte tief enttäuscht nach Wien zurück. Der Staatsvertrag schien auf Jahre verzögert, und dies, obzwar trotz des Kalten Krieges, der in ganz Europa zu spüren war, sich gerade in Österreich eine gewisse Kooperation der Sowjets mit den Amerikanern zeigte. Da war vor allem ein Foto, das um die Welt ging, weil es diese Art von Zusammenarbeit zeigte: uniformierte Russen, die gemeinsam mit amerikanischen Soldaten Sandsäcke abluden, um den in der Sowjetzone gelegenen US-Flugplatz Langenlebarn vor den Donaufluten zu schützen. Es war im Sommer 1954 und es gab wieder einmal ein »Jahrhunderthochwasser«, das viele Orte des Tullnerfelds überschwemmte.

Ein Sowjetsoldat und ein Amerikaner, in trauter Zweisamkeit einen Sandsack hebend – das hatte man seit 1945 nicht mehr gesehen. Man sah es in Österreich, und die internationale Presse gab ihm in Wort und vor allem im Bild Raum. Aber nachher war fast alles wieder so wie vorher. Molotow sagte: »Njet.«

Dann kam die Sinnesänderung in Moskau. Wir Journalisten erfuhren davon, als es plötzlich hieß, eine österreichische Delegation sei zu Besprechungen über den Vertrag in die sowjetische Hauptstadt eingeladen worden. Die Delegation reiste am 11. April 1955 ab: Bundeskanzler Julius Raab, Vizekanzler Adolf Schärf, Außenminister Figl und Staatssekretär Kreisky. Ich habe ihre Gesichter noch in Erinnerung, als sie in Bad Vöslau eine sowjetische Maschine bestiegen: skeptisch, aber doch nicht tief ernst. Irgendwie, schien es, war noch die Überraschung erkennbar. Sie wechselte über in Freude.

»Österreich wird frei. Wir bekommen unseren Heimatboden zur Gänze zurück. Die Kriegsgefangenen und Inhaftierten dürfen die Heimat wiedersehen. Das hat die aufrechte Haltung des österreichischen Volkes erarbeitet und errungen. Wir freuen uns schon, unsere Heimat nach Abschluss der schweren Verhandlungen glücklich wiederzusehen.«

Am 15. April, noch in Moskau, verkündete dies der Bundeskanzler. Dann bestieg die österreichische Delegation die Maschine, die sie heimbrachte. Wieder war es ein russisches Flugzeug. Wieder wurde in Bad Vöslau gelandet, dieser Ort, der so nahe beim in dieser Zeit schicksalsschweren Baden lag. Schicksalsschwer. Denn Baden war so etwas wie ein Sowjetzentrum in Niederösterreich geworden, samt Gefängnis für »Politische«, bevor sie nach Sibirien gebracht wurden.

Ich weiß, wovon ich schreibe. Auch eine Schwester meiner Mutter war wochenlang dort inhaftiert. Sie hatte als Halbjüdin einen später in Nürnberg gehenkten Kriegsverbrecher kennengelernt. Nürnberger Gesetze, Nürnberger Tribunal: Die Weltgeschichte ist das Weltgericht, heißt es. Gott sei Dank nicht für meine Tante. Das Schicksal war gnädig. Sie ist eines Abends in eine schwarze Limousine verfrachtet und auf der Landstraße ausgeladen worden – mitten in der Nacht, ohne jede Erklärung. Sie hat auch nachher nie wieder darüber gesprochen. Außer einem Detail: dass an der Wand ihrer Zelle die Namen von früheren Inhaftierten samt letzten Grüßen eingekratzt waren.

Zurück zu Raab und der Österreichdelegation. Diesmal gab es nur zufriedene Gesichter, als die Herren in den Wintermänteln – in Moskau war es kalt gewesen, doch für sie nicht politisch – über die primitive Gangway der Iljuschin stiegen. Die Treppe trug einen roten Teppich. Damals war der Begriff »Red Carpet« noch unbekannt.

Ich habe mich in das Menschenspalier gestellt, das von Süden her die Triester Straße säumte. Es war dicht, sehr dicht. Die Leute hatten aus dem Radio die Ankunft der Delegation erfahren. Und sie wussten, wie erfolgreich die Österreicher in Moskau gewesen waren. Sie wussten, dass die Besatzer nun bald das Land verlassen würden, obgleich die Truppenstärke der Alliierten in den letzten Jahren schon »ausgedünnt« war.

Episode am Rande: Ich wurde damals von einem jungen amerikanischen Soldaten angerufen, der in der Stiftskaserne stationiert war. Er war, wie sich zu meiner freudigen Überraschung herausstellte, der Sohn jener Familie, bei der ich in den Vereinigten Staaten einen Sommer verbracht hatte. Ich habe ihm nachher die Umgebung Wiens gezeigt – bis Baden. Per Motorroller.

Allein, wir mussten noch nicht Abschied nehmen. Noch verließen die alliierten Soldaten Österreich nicht. Noch mussten die letzten Hindernisse, im Staatsvertrag versteckt, ausgeräumt werden. Aber die Massen, die den aus Moskau Heimgekehrten einen begeisterten Empfang bereiteten, wussten es nicht, es war ihnen auch egal. Sie vertrauten Raabs Botschaft. Und sie jubelten, winkten, ließen auch die Medienleute, die der Wagenkolonne vorausfuhren, hochleben. In der Tat: Es war ein allgemeines Hosianna.

Aber noch war Warten angesagt. Aber noch musste letzte Hand an den Wortlaut des Staatsvertrags angelegt werden.

Am 5. Mai dann traten die Botschafter der USA, der Sowjetunion, Großbritanniens und Frankreichs, die zugleich alliierte Hochkommissare gewesen waren, in dem Haus, am Schwarzenbergplatz – der 1945 in Stalin-Platz umgetauft worden war –, in dem sie seit 1945 ihre Sitzungen abgehalten hatten, zur so genannten Botschafterkonferenz zusammen. In dem Gebäude, das zehn Jahre lang den Alliierten Rat beherbergt hatte und bald wieder »Industriehaus« heißen durfte. Zwei Wochen lang tagten sie. Der amerikanische Botschafter (vordem Hochkommissar) war Llewellyn Thompson. Er war 1951 zu seinem neuen Posten nach Wien gereist – auf der »Independence«, deren Name, wie sich dann herausstellen sollte, durchaus auf jene Aufgabe Bezug nehmen konnte, die ihn einige Jahre später in Wien erwartete: die »Independence«, die Unabhängigkeit Österreichs. Er reiste natürlich in der ersten Schiffsklasse. In der dritten fuhr eine Gruppe von Austauschstudenten zurück in die Heimat. Wir durften uns versammeln, um ein Foto zu ermöglichen: der neue amerikanische Botschafter gemeinsam mit den Fulbright-Studenten.

Thompson war dann der Gastgeber, als am Wochenende während der Botschafterkonferenz junge Österreicher seine Residenz in Hietzing besuchen und mit ihm plaudern durften. Der abendliche Besuch war seit Langem geplant. Dass er sich gerade während der so entscheidenden Botschafterkonferenz abspielen würde, konnte niemand voraussehen. Thompson verhielt sich diplomatisch. Er sagte kein Wort über die Konferenz.

Und dann sind sie gekommen, die vier Außenminister. John Foster Dulles landete mit einer viermotorigen Super Constellation auf dem amerikanischen Flugplatz Langenlebarn (der, in der Sowjetzone lag, demnach gleichsam exterritorial war), Harold McMillan und Antoine Pinay kamen in Schwechat an. Wjatscheslaw Molotow traf in Bad Vöslau ein, auf der nachgerade historisch gewordenen »Freiheits-Landebahn«. Er kam einen Tag später als seine alliierten Kollegen, nämlich am 14. April, Punkt 14.30 Uhr.

Ich habe ihn abholen dürfen. Wir, die Reporter der »Presse«, hatten uns aufgeteilt. Obwohl ich in der Lokalredaktion arbeitete, schickte man auch mich zur Begrüßung des sowjetischen Außenministers. Ich sollte schreiben, was ich sah: »Schreib das auf, Chorherr!«

Ich war nicht der Einzige. Auf dem Flugplatz drängten sich nicht nur österreichische Honoratioren und Vertreter der Sowjetbotschaft, sondern ganze Horden von Journalisten. Sie warteten. Das Flugzeug hatte Verspätung. Es kam aus Warschau. Die Tinte, mit der Molotow soeben den Warschauer Pakt unterschrieben hatte, war noch nicht trocken, als der Außenminister bereits seine nächste Etappe absolvierte: die Reise nach Wien zur Unterzeichnung des österreichischen Staatsvertrages.

Noch einmal: Wir warteten. Für den späten Nachmittag war die alles entscheidende letzte Konferenz der vier Außenminister geplant. Zu Mittag war Molotow noch immer nicht angekommen. Wir vertraten uns die Beine. Außenminister Figl, der die österreichische Begrüßungsdelegation leitete, sah auf die Uhr. Fern vom Trubel und der Nervosität der Wartenden saßen zwei sowjetische Offiziere an einem Feldtisch und spielten Schach. Nichts konnte sie stören – keine Zurufe, keine Kommandos. Sie saßen, überlegten, vertieften sich in die Figuren. Dass dieses Land eine Brutstätte der Schachweltmeister war, ist mir nie so ins Bewusstsein gerufen worden wie damals auf dem Flugplatz von Bad Vöslau.

Endlich war sie da, die Iljuschin, rollte aus, stoppte. Molotow, der Mächtige, der allseits Bekannte, der Revolutionär, der »Mister Njet«, wie ihn die Amerikaner eine Zeit lang bezeichnet hatten – Molotow stand in der Flugzeugtür. Ich war fast von Ehrfurcht erfasst. Gewiss, das klingt heute skurril und macht sich auch in meinen Erinnerungen jetzt ganz anders aus als damals, als ich, ein Reporter von zweiundzwanzig Jahren, einem der wichtigsten Männer der damaligen Weltpolitik gegenüberstand.

Gegenüber? Natürlich nicht. Da gab es natürlich den gewissen »Cordon Sanitaire«. Wir durften nahe an den großen Mann, aber nicht zu nahe. Gerade dass wir die paar Worte hörten, mit denen Molotow den Grund seiner Wienreise würdigte. Es bereite ihm einen »große Genugtuung«, sagte der Russe, zur Unterzeichnung des Staatsvertrags nach Wien zu kommen, der mit »voller Übereinstimmung« der vier Alliierten zustande gekommen sei. Und dann, an Außenminister Figl gewandt: »Gestatten Sie mir, Sie zu begrüßen und die österreichische Regierung sowie das ruhmreiche Wien herzlichst zu beglückwünschen.«

Molotow. Der Hammer – so war sein (angenommener) Name. Eigentlich hieß er Skrjabin. Der Hammer? Der Mächtige? Nicht mehr. Er war zwar noch immer Vollmitglied des Zentralkomitees der KP und unter Stalin zeitweilig der zweitmächtigste Mann der Sowjetunion gewesen, gehörte aber nicht mehr dem inneren Kreis an. Von 1953 bis 1956 war er Außenminister und kam in dieser Funktion nach Wien. Es war – da er sich nachher, als Gegner einer zu radikalen Entstalinisierung, an einem Versuch beteiligt hatte, Chruschtschow zu stürzen – sein letzter Auftritt im Scheinwerferlicht. Nicht ganz: Ich darf vorwegnehmen, was Molotow schließlich noch einmal nach Wien geführt hat, nachdem er einige Jahre lang als Botschafter in die Mongolei abgeschoben worden war. Ich bin ihm noch einmal gegenübergestanden, diesmal nicht hinter einem »Cordon Sanitaire«, sondern in einer Liftkabine ganz allein in der Wiener Ringstraße. Im Haus, das ursprünglich »Grand Hotel« geheißen hatte und 1945 von den Russen beschlagnahmt worden war, so wie auch das »Imperial« und zahlreiche andere Hotels, Häuser, Wohnungen. Der Hammer, den niemand mehr schwang, war 1960 in der IAEO in Wien gelandet. Als Leiter der Sowjetdelegation.

Bis 1962 hat er hier einen Teil seines Ausgedinges als Vertreter der Sowjetunion verbracht. Unter den Beamtinnen war damals auch meine Frau und ein Besuch im einstigen Grand Hotel, das dann bis zur Fertigstellung der UN-City das Hauptquartier der Atombehörde war, brachte mich wieder an den Rand einer welthistorischen Begegnung.

Aber nur an den Rand. Der alte Herr im dunklen Anzug, der den Hut abnahm, wie es sich im Lift gehört, auch wenn sich keine Dame, sondern nur ein junger Mann in der Kabine befindet – der alte Herr also mit dem Zwicker schien mir bekannt. »Hello«, sagte er.- In der IAEO ist Englisch die Umgangssprache. »Strastwitje!«, sagte ich stolz, meine Russischkenntnisse aus dem Gymnasium revitalisierend. Es kam zu keiner weiteren Unterhaltung. Der Lift hielt, Molotow stieg aus, ich fuhr weiter.

In der Tat, es war *der* Molotow. Seine Ernennung zum Chef der sowjetischen IAEO-Delegation hatte damals allgemeine Überraschung ausgelöst. Im »Spiegel« konnte man es genau lesen:

»Den phlegmatischen Presseattaché der Wiener Sowjetbotschaft, J. N. Granow, der sich gerade in Tirol bei den Alpbacher Hochschulwochen

über die ideologische Tragkraft der europäischen Integrationspropagandisten informierte, riss es fast von den Beinen, als ihn Peter Kempnich, Bonns Presse-Argus, am gleichen Platz über die Ernennung Wjatschslaw Michailowitsch Molotows zum ständigen Sowjetvertreter in der ›International Atomic Energy Agency‹ in Wien informierte. ›Ist es der Molotow?‹, fragte Granow verdattert. ›Es ist der Molotow‹, bestätigte Kempnich.«

Der Molotow ist damals wieder einmal Weltsensation geworden, obgleich er in Moskau längst als »Parteifeind« abgestempelt war. Er sei »in den Glanz des diplomatischen Lebens zurückgekehrt«, schrieb die »New York Times«. Es sei »die wichtigste außenpolitische Entscheidung der Sowjetunion seit dem Scheitern der Pariser Gipfelkonferenz«, meldete »dpa«. UP nannte Molotows Ernennung einen »neuen Sieg der starken stalinistischen Gruppe im Kreml«. »Paris Presse« indes zeigte sich französisch, wie es sich gehörte: Die Übersiedlung nach Wien sei »ein persönlicher Erfolg der charmanten Molotow-Gattin Paulina, die den leberleidenden Gemahl aus dem rauen mongolischen Klima in freundlichere Gegenden versetzt sehen wollte«.

Der damalige Generaldirektor der IAEO, der Amerikaner Sterling Cole, fühlte sich von den Sowjets »überfahren«. Er hatte die Nachricht vom sowjetischen Geschäftsträger laut »Spiegel« in Gestalt eines »säuberlich getippten kyrillischen Schreibens« übermittelt bekommen, der die mündliche Übersetzung gleich dazu lieferte.

Der Hammer ist, wie ich später hörte, in der Atombehörde sehr leutselig gewesen, er ist von seinem Büro in der Schwindgasse etliche Male zu Fuß ins Grand Hotel gegangen, hat aber andererseits gerne ein für ihn recht ungewöhnliches Transportmittel benützt. Er fuhr, wie die Betreiber stolz verkündeten, einmal in der Woche mit der Liliputbahn im Prater.

Molotow ist 1986 gestorben. Er wurde 96 Jahre alt. Zwei Jahre vor seinem Tod wurde er rehabilitiert und wieder in die KP aufgenommen.

Vom Wettbewerb der Schellenbäume

Soldaten gehen, Soldaten kommen

Es mag banal klingen und vielleicht sogar pathetisch, aber es ist doch einer der Höhepunkte meines Journalistenlebens:

Der 15. Mai 1955. Ich bin dabei gewesen. Ich war glücklich. Ich wusste, dass ich eine Sternstunde der österreichischen Geschichte miterlebte. Es mag pathetisch klingen, aber ich wiederhole: Ich bin ein Patriot. Ich wurde es immer mehr, als ich gleichsam im Kreißsaal der Zweiten Republik die ersten tastenden Schritte meines Berufs unternahm.

Ich bin zudem nicht der Einzige, in dem sich anno 1955 der Patriotismus breitmachte. Wir schämten uns seiner nicht, als wir am 14. Mai 1955 vor dem Gebäude standen, in dem die Außenminister tagten, wir, die Reporter der Wiener Tageszeitungen und des Radios. Wir, die wir so lange gewartet hatten und so oft enttäuscht worden waren.

Schlachtrösser des politischen Journalismus sind wir seither geworden und können uns doch noch immer dieser Stunden und Tage erinnern, als ob es gestern gewesen wäre.

Ernst Trost war einer von ihnen. Er hat in seinem Buch »Figl von Österreich« geschildert, was ihm von damals in Erinnerung geblieben ist:

»Den Korrespondenten wird die Verkehrsinsel gegenüber dem Haus mit dem für ›Herren‹ und ›Damen‹ nach unten führenden Stufen als ›geeignete‹ Beobachtungsposition angewiesen. Siebzig Minuten müssen sie ausharren, von 17 Uhr bis 18.10 Uhr müssen sie sich gedulden, bis sich die Tore öffnen, ein lachender Außenminister Leopold Figl seinen Hut schwenkt, mit beiden Händen winkend auf die Reporter zueilt und ihnen

schon von Weitem entgegenruft: ›Volle Einigung, wir haben volle Einigung erzielt!‹«

Volle Einigung über den Staatsvertrag? Einen vertrackten Passus hatte es gegeben, der den Österreichern im Magen lag. Auch im letzten Entwurf, der nun fast unterschriftsreif war, war offenbar an die »Moskauer Erklärung über Österreich« von 1943 erinnert worden, die zwar als ein Kriegsziel die Wiederherstellung der österreichischen Unabhängigkeit bezeichnete, aber doch auch mahnte:

»Österreich wird aber auch daran erinnert, dass es für die Teilnahme am Kriege an der Seite Hitler-Deutschlands eine Verantwortung trägt, der es nicht entrinnen kann, und dass anlässlich der endgültigen Abrechnung Bedachtnahme darauf, wie viel es selbst zu seiner Befreiung beigetragen haben wird, unvermeidlich sein wird.«

In der Präambel des Staatsvertrags hieß es dann deshalb bis zum 14. Mai, dass Österreich als integrierender Teil Hitler-Deutschlands am Krieg teilgenommen habe *»und sich einer gewissen Verantwortlichkeit, die sich aus dieser Teilnahme am Krieg ergibt, nicht entziehen kann«*.

Es war ein zwar verklausulierter, aber doch recht deutlicher Hinweis auf eine »Mitverantwortung« am Krieg.

Figl war dagegen. Er erreichte im letzten Moment, dass dieser Paragraf gestrichen wurde. »So einfach war das«, schrieb Manfried Rauchensteiner in seinem Buch »Der Sonderfall«. So einfach war das:

»Seit 1943 war Österreich längst wegen seiner Teilnahme am Krieg schuldig gewesen. Von einem Tag auf den anderen war es unschuldig!«

Das war es, was Figl fast als einen Triumph feiern konnte, als er nach der Außenministerkonferenz auf die Straße trat. Zusammen mit dem, was sich am 15. Mai ereignete, war es der Höhepunkt in seinem Leben. Nicht die Freude im Park des Belvedere meine ich. Da war ich ausgerückt, um den Jubel der Österreicher »aufzuschreiben«. Und um mitzujubeln.

Freilich darf ich an dieser Stelle noch einmal mit einer Legende aufräumen, die sich in den letzten fast sechs Jahrzehnten hartnäckig gehalten hat: Leopold Figl habe, als er vom Balkon des Schlosses aus der Masse das Staatsvertragsdokument zeigte, gerufen: »Österreich ist frei!«

Mitnichten. Figl hat dies im Prunksaal gerufen, nachdem er als Letzter unterschrieben hatte und aufgestanden war: »Österreich ist frei!« Vom Balkon aus wäre dies nie möglich gewesen. Man hätte es nicht gehört. Und doch: Es gibt etliche der damals zur Zeremonie Geladenen, die behaupten, sie seien sogar auf dem Balkon hinter dem österreichischen Außenminister gestanden, als dieser seine historischen Worte hinunterrief. Wie doch das Gedächtnis trügen kann!

Österreich ist frei! Dabei wäre dieser historische Ruf fast im Schloss Schönbrunn erklungen, in der Spiegelgalerie. Dann entschloss man sich anders:

»Im Oberen Belvedere wird der Staatsvertrag feierlich unterzeichnet werden, wenn es nächste Woche zu einer Außenministerkonferenz kommt, wie man allgemein erwartet.«

So schrieb ich am 8. Mai 1955 in der »Presse«. Man sieht: Die Außenministerkonferenz ist »erwartet« worden. Sie war noch nicht sicher, aber der Ort, wo die Unterschriften geleistet werden sollten, sollte ein anderer sein:

»Das Bundeskanzleramt hat sich zu dieser Änderung seiner Pläne entschlossen, weil das Belvedere zentraler gelegen ist als Schönbrunn und das ehemalige Schloss des Prinzen Eugen vom Gebäude des Alliierten Rates auf dem Stalinplatz aus, wo aller Voraussicht nach die Außenministerkonferenz stattfinden wird, leichter zu erreichen ist.«

Ich habe mir damals – früher hätte man gesagt: in freudiger Erwartung – die Finger wund getippt, weil Österreich permanent jubilierte. Weiter Zitat T. C. – so zeichnete ich damals meine Artikel:

»Für die Verlegung der Unterzeichnungszeremonie in das Belvedere war nicht zuletzt auch die Tatsache maßgebend, dass die Bundesregie-

rung für den Abend nach der Unterzeichnung einen großen Staatsempfang im Schloss Schönbrunn geben will. Da für diesen Anlass alle Festräume, einschließlich des großen Spiegelsaals, benötigt werden, wäre es nur sehr schwer möglich, die Räumlichkeiten nach der Unterzeichnung für den Empfang herzurichten.«

Wie richtig. Eine Woche später nämlich schrieb T. C.:

»Die Putzfrauen im Belvedere hatten gestern Nachmittag Hochbetrieb. Nach der Unterzeichnungszeremonie glich der Marmorsaal einem Schlachtfeld. Papiere und Zeitungsfetzen, leere Filmrollen und ausgebrannte Blitzlichtlampen zierten den Boden. Die Polizei fotografierte das Durcheinander. Hoffentlich schickt man das Bild den Redaktionen nicht zugleich mit der Rechnung für die Reinigungsgebühr.«

Der Marmorsaal ein Schlachtfeld? Nicht so natürlich am frühen Abend des Unterzeichnungstages im Stephansdom. Wiens Kardinal Theodor Innitzer feierte mit den und für die Katholiken der Stadt und des Staates einen feierlichen Dankgottesdienst, ein Te Deum. Wieder waren für die Journalisten und Kameraleute Plätze reserviert, und als knapp vor Beginn ein gebrechlicher weißhaariger Herr zu einem Ehrenplatz in der ersten Bankreihe geleitet wurde, fragten wir einander, wem man da stützend geholfen hatte. Ein paar Ältere wussten es. Es war Wilhelm Miklas, jener Bundespräsident, der sich 1938 geweigert hatte, durch seine Unterschrift den Tod seines Landes zu bestätigen. Es war ihm gegönnt, die Auferstehung der völligen Freiheit zu erleben. Auch das war einer der Eindrücke in meinem Journalistenleben, die ich nicht vergessen werde.

Zurück zu den letzten Hürden. Die Kriegsschuld-Klausel, die letzten, buchstäblich im letzten Augenblick von Figl, nicht von den vier Außenministern, aus dem Vertrag hinausreklamiert wurde, war nicht die einzige. Es gab natürlich auch noch die kitzlige Frage der Neutralität. Sie ist jahrelang erörtert worden, und interessanterweise hatte sich nicht nur auf alliierter, sondern auch auf österreichischer Seite eine Divergenz gezeigt zwischen den österreichischen Botschaftern in den Zentren der Supermächte. Karl Gruber war damals in Washington »auf Posten«, Norbert Bischoff in Moskau. Gruber war zeit seines Lebens ein »Westler« gewesen, Norbert Bischoff – er zog sich sogar gerne an wie ein Sowjetrusse inklusive Pelzmütze à la Molotow – ein »Moskowiter«. Mit Gruber verband mich lange später eine echte Freundschaft.

Dass Österreich künftig ein neutraler Staat sein sollte, kam vor allem den Amerikanern nicht sehr gelegen. Der Historiker Manfried Rauchensteiner zitiert in »Geschichte des Staatsvertrages 1945–1955« mit dem Untertitel »Österreichs Weg zur Neutralität« unter anderem eine Aussage Grubers:

»Wenn eine Lösung gefunden werden sollte, der die österreichische Bundesregierung zustimmen kann, wird man vielleicht auch die Westmächte, insbesondere die Amerikaner dazu bringen, sie zu akzeptieren. Die USA könnten es sich schließlich nicht leisten, eine wirkliche und praktische Lösung aus militärischen Gründen im Gegensatz zur Ansicht der Bundesregierung einfach zurückzuweisen.«

Norbert Bischoff wird von Rauchensteiner mit der Aussage zitiert, die Russen »wollten sicherlich den Abschluss des Staatsvertrages und werden daher keine Bedingungen stellen, die weder Österreich noch die Westmächte annehmen könnten«.

Was damit gemeint war, ist uns Journalisten erst einige Monate später klar geworden. Bruno Kreisky, damals Staatssekretär, hat uns in einem Privatissimum auch das Motiv des überraschenden Einverständnisses der Sowjets erläutert, indem er uns eine Europakarte zeigte und auf den »neutralen Gürtel« Österreich–Schweiz hinwies. Bisher, erläuterte uns Kreisky, habe es die direkte militärische Flugverbindung vom NATO-Land Westdeutschland zum NATO-Land Italien gegeben, quer über das vierfach besetzte Österreich. Dies sei nun nicht mehr möglich, alliierte Flugzeuge mussten jetzt den Umweg über Frankreich nehmen.

Es war demnach die Schweiz, deren Neutralität damals als Beispiel immer wieder genannt wurde – von den Österreichern und vor allem von den Russen. Dass dieses Beispiel schließlich im Neutralitätsgesetz nicht vorkommt, war ein wichtiges Entgegenkommen des sowjetischen Außenministers.

Freilich war es uns Journalisten völlig egal, ob das Wort »Schweiz« im Staatsvertrag genannt würde. Das galt nicht für den Begriff »Neutralität«. Die schien uns notwendig, ja selbstverständlich, um den ersehnten Vertrag zu erreichen. Wenn man uns damals gefragt hätte, was Neutralität bedeute, hätten wir geantwortet: »Nie wieder Krieg!« Und dies zu einer Zeit, da man zwar Zeichen der Entspannung zwischen Ost und West feststellen konnte, doch jener Krieg, den man den Kalten nannte, keineswegs abgeblasen war. Die Versicherung, ein neutraler Staat zu sein und bleiben zu wollen, habe uns schließlich die Freiheit gebracht, meinten wir. Auch der Begriff »bewaffnete Neutralität« schien fast ein Schlagwort zu sein. Hauptsache frei, mit Waffen oder ohne! Hauptsache neutral. Von mir aus wie die Schweiz.

Wie die Schweiz bewaffnet? Langsam ist uns jungen Journalisten dann doch klar geworden, dass sich echte Neutralität nur mit Waffen verteidigen lässt. Dass diese Begriffe – »Neutralität« und »Waffen« – zu Beginn des dritten Jahrtausends der Zweiten Republik zu Streitpunkten werden könnten – das schien uns denkunmöglich. Dass es wieder österreichische Soldaten geben würde, die in Wien paradierten, und nicht nur Kontingente der Amerikaner, Russen, Engländer und Franzosen – das (und wieder muss ich patriotisch argumentieren) schien uns ein Inbegriff der vollen Souveränität.

Vorerst freilich konnten wir Reporter jedenfalls einen Akt militärischen Abschieds erleben. Auf dem Heldenplatz gab es bereits am 30. April eine Zeremonie, die sich in den vergangenen Jahren alle vier Monate abgespielt hatte: die Wachübergabe der Amerikaner an die Russen, dieses militärische Schauspiel, immer wieder gefilmt, immer wieder als zusätzlicher Beweis der Tatsache gebracht, dass Österreich, wie es Papst Paul VI. einmal gesagt hat, eine »Insel der Seligen« sei. Die Wiener Innenstadt war eine alliierte Zone für sich, wurde allmonatlich von einer anderen Macht verwaltet, und drei

Mal im Jahr kam es zu einem Wechsel der sowjetischen und der amerikanischen Kontingente, mit Kommandos, Parade und Musik. Ich stand mit gezücktem Bleistift auf der Pressetribüne, als Russen und Amerikaner ein letztes Mal aufmarschierten, die Kompaniekommandanten salutierten und einander die Hand reichten.

Ich konnte nicht umhin, die »Schellenbäume«, die den beiden Musikkapellen vorangetragen wurden, miteinander zu vergleichen. Im Jahr zuvor hatte es nämlich einen kuriosen Wettbewerb zwischen Amerikanern und Russen gegeben, was die Höhe des erwähnten Schellenbaums betraf. Die Abordnungen versuchten einander zu übertreffen – der eine war jedes Mal länger als der »gegnerische«. Und siehe da: Beim endgültigen Abschied waren beide Schellenbäume gleich hoch. Oder sollte ich mich getäuscht haben? Dann spielte die US-Army-Band einen Marsch, der das Spalier wieder einmal begeisterte: »Mir san vom k.u.k. Infanterieregiment …«

Nein, es war kein Infanterieregiment, aber doch österreichisches Militär, das dann am 30. September 1955, also noch vor dem Inkrafttreten des Staatsvertrags, über die Mariahilfer Straße paradierte, im Inneren Burghof vom Bundespräsidenten begrüßt wurde und dann am Heldenplatz defilierte. Es war das erste Bataillon der »Provisorischen Grenzschutzabteilung«, das durch fahnengeschmückte Straßen zum Ring marschierte, vorbei an Zehntausenden winkenden Menschen. »Provisorische Grenzschutzabteilung«: so wurde nach der Unterzeichnung des Staatsvertrags jene Truppe umbenannt, die ab 1952, als die Freiheit noch Schimäre war, als »B-Gendarmerie« ein mehr oder weniger geheimer Grundstock österreichischer Wiederbewaffnung war. Geheim deswegen, weil die Sowjets nichts davon wissen durften – oder jedenfalls sollten. In einer Zeit, da noch immer nicht ausgeschlossen war, dass es zu einer Teilung Österreichs »nach deutschem Muster« kommen könnte.

Die B-Gendarmerie war im Grunde schon ein Auftakt – mehr noch: ein erster Teil der Wiederbewaffnung Österreichs. Ich wusste davon, weil wir immer wieder die Truppentransporter sahen, die unweit der Zonengrenze in der Kaserne Ebelsberg geparkt waren. Sie konnten dann im September 1955 ungehindert im Konvoi nach Wien rollen, mit Besatzungen, die mit Feldkappen anstelle von Stahlhelmen ausgestattet waren, aber doch nicht mehr Gendarmen, sondern Soldaten. Ich erinnere mich an Major Birsak, jenen Offizier, der den Kompanien voranmarschierte. Gestiefelt und mit Handschuhen legte er immer wieder die Hand grüßend an die Mütze und salutierte zu den Fenstern hinauf, die von begeisterten Wienern und vor allem Wienerinnen dicht besetzt waren.

Durch das Burgtor marschierten sie im alten österreichischen Paradeschritt, dem »Schleifschritt«, diese neuen österreichischen Soldaten.

Als solche wurden sie auch in der Burg empfangen: »Als alter Soldat grüße ich in euch die ersten jungen Soldaten der Zweiten Republik«, sagte das Staatsoberhaupt. Es war Theodor Körner, der alte General, der auch als Sozialdemokrat seine militärische Vergangenheit nicht verleugnete. Österreich habe gelernt, die wiedergewonnene Freiheit als kostbares Gut zu schätzen, und sei entschlossen, sie zu bewahren und zu verteidigen. »Ihr, meine Kameraden, seid vor allem berufen, ihre Schützer zu sein«, sagte der Bundespräsident. Ein Kollege der »Wochenschau« schwenkte in diesem Augenblick seine große Filmkamera von den Reihen der angetretenen Soldaten hinauf zum historischen Wappen über der Fassade. »Ein guter Schuss!«, sagte einer meiner Nachbarn. Und wieder waren wir alle Patrioten.

»Ich kann euch nichts geben.«

Die Hoffnung in den Ruinen

»Österreich ist frei.«

Immer wieder konnte man es hören, in Radiosendungen, in Fernsehbeiträgen, stets dann, wenn der österreichische Staatsvertrag und der 15. Mai 1955, der »Tag vom Belvedere«, der Tag der Unterzeichnung zum Thema wurden. Es war der Tag des Leopold Figl, ohne Zweifel. Bundeskanzler Julius Raab, den man auch heute noch »Staatsvertragskanzler« nennt, stand zwar in der ersten Reihe der Gäste im Prunksaal, aber er stand. Figl saß.

Es war sein Tag, ohne Zweifel. Vielleicht hat er sich damals an einen anderen Tag erinnert, als nach jahrelanger Dunkelheit in seinem Land wieder ein Licht aufgegangen war, flackernd zwar und zeitweise fast nur glimmend, aber jenen, die damals lebten, besser: überlebt hatten, Hoffnung spendend.

Ich war, wie gesagt, Schüler des Akademischen Gymnasiums in Wien. Mein Vater war tot. Wir hatten mit Mühe einen kleinen Christbaum erobert, den ich als »Christgestrüpp« bezeichnete.

Es war der 24. Dezember 1945. Mein Weihnachtswunsch war, irgendwann einmal endlich wieder »so viele Schnitzel essen zu können, wie ich kann«. Der Wunsch eines Buben, dessen Tagesration 800 Kalorien waren. Zum Vergleich: Die WHO bezeichnet heute als »hungernd« jenen Teil der Menschheit, der sich mit rund 2000 Kalorien täglich zufrieden geben muss.

Es war also der Weihnachtsabend 1945 und aus dem Radio hörte ich die Stimme des Bundeskanzlers. Jenes Regierungschefs, dessen Partei aus den Wahlen vom 25. November 1945 als stimmenstärkste hervorgegangen war. Am 21. Dezember hatte er seine Regierung dem Parlament vorgestellt, nachdem die alliierten Hochkommissare ihren Sanctus geben hatten. Und Figl wandte sich im Rundfunk an die »lieben Österreicherinnen und Österreicher«. Tröstend und Mut zusprechend.

Heute fällt es leichter als damals, Vergleiche zu ziehen. Heute wundert mich, dass kaum jemand je daran erinnert hat, eine Abschiedsrede 1938 und eine Hoffnungsrede 1945 seien gar nicht so weit voneinander entfernt gewesen, allen politischen Divergenzen zum Trotz. Er verabschiede sich »mit einem Herzenswunsch: Gott schütze Österreich!«, sagte Bundeskanzler Kurt Schuschnigg am 13. März 1938. Und Bundeskanzler Leopold Figl bat seine Landsleute am 24. Dezember 1945: »Glaubt an dieses Österreich!«

Wir saßen, den Gassperrzeiten zum Trotz, bei kaum mehr als zwölf Grad in der Wohnung und hörten Figl:

»Ich kann euch zu Weihnachten nichts geben. Ich kann euch für den Christbaum, wenn ihr überhaupt einen habt, keine Kerzen geben. Ich kann euch keine Gaben für Weihnachten geben. Kein Stück Brot, keine Kohlen zum Heizen, kein Glas zum Einschneiden.«

Jener Wunsch, der zumindest damals von allen, wie mir scheint, erfüllt wurde: *»Ich kann euch nur bitten: Glaubt an dieses Österreich!«*

»Jeder Vergleich hinkt«, sagten die alten Römer. Vielleicht humpelt er wirklich, der Vergleich zwischen den Wünschen Schuschniggs und Figls, obgleich auch dieser als prominenter Funktionär der Ostmärkischen Sturmscharen ebenso wie der Ex-Kanzler ins KZ kam.

Aber: Gott schütze Österreich! Glaubt an dieses Österreich! Spuren eines Gleichklangs sind unverkennbar, scheint mir. Als Figl über die »Ravag«, die wiedererstandene, unter russischer Zensur stehende »Radio-Verkehrs-AG«, seinen Herzenswunsch proklamierte, wurde keine Plattenaufnahme fabriziert. Er hat den Wortlaut nachher noch einmal gesprochen. Als die Rede, seinerzeit oftmals zitiert, einmal im ORF wiedergegeben wurde, wusste der Moderator mit dem Begriff »Glas einschneiden« nichts anzufangen. Er hatte ja die sprichwörtlichen leeren Fensterhöhlen von 1945 nicht gesehen. Aber er wusste, dass Figl ein Weinliebhaber war. Deshalb zitierte er: »Ich kann euch nichts geben … kein Glas zum Einschenken.«

Leopold Figl war der erste österreichische Politiker, den ich, damals noch als Gymnasiast, zur Kenntnis nahm. Ein Jahr lang war sein Sohn, der Hansl Figl, mein zeitweiliger Schulkamerad im »Akademischen« – der Sohn des Regierungschefs, der nicht gleicher war als gleich, nicht bevorzugt behandelt wurde und sogar, wie ich mich erinnere, dann wegen nicht gerade exzellenter Erfolge die Schule wechselte. Ihm ist es, glaube ich, zu verdanken, dass der Bundeskanzler alljährlich das »Elmayer-Kränzchen« mit seiner Anwesenheit beehrte. Unter den Klängen von »O du mein Österreich« – ich habe den Marsch in diesen Jahren sehr oft gehört – schritt er durch das Spalier der Schüler und Schülerinnen dieser damals bekanntesten Tanzschule Wiens, wurde von Willy Elmayer ehrerbietig begrüßt und nahm mit den Damen und Herren seiner Begleitung in der Ehrenloge Platz.

Hansl Figl erzählte uns einmal, welche Freude es in seiner Familie gab, als sein Vater eine Zeit lang aus der KZ-Haft freikam, bis er dann von den Nazis wieder festgenommen wurde. Jahre später hat Hansl Figl uns alte Schulkollegen in das »Figl-Museum« im Tullnerfelder Rust eingeladen, dem Geburtsort seines Vaters, hat uns Fotos und Erinnerungsstücke gezeigt – und nicht geahnt, wie bald auch er nicht mehr leben würde. Er ist verhältnismäßig jung gestorben. War es eine Art von Genen, die er von seinem Vater übernommen hatte? Denn auch dieser ist nicht sehr alt geworden. Leopold Figl starb am 9. Mai 1965 im 62. Lebensjahr. Eine Woche später fand wieder ein Außenministertreffen in Wien statt – anlässlich des zehnjährigen Jubiläums der Staatsvertragsunterzeichnung. Es mag ein Zufall – oder war es Schicksal? – der österreichischen Geschichte gewesen sein, dass das Staatsbegräbnis für Figl am Vorabend der Gedenkzeremonie stattfand. Am 14. Mai. Die Anteilnahme der Bevölkerung war groß, größer als die Zuschauermengen, die dann die An- und

Auffahrt der alliierten Minister verfolgten. Die Namen waren andere, versteht sich. Diesmal war Andrej Gromyko aus Moskau gekommen, Dean Rusk aus Washington, Michael Stewart aus London und Maurice Couve de Murville aus Paris. Auch die Hochkommissare von 1955 waren geladen.

»Am Morgen des 15. Mai, fünfundzwanzig Stunden nach dem Staatsbegräbnis, wurde im Marmorsaal der Unterzeichnung des Staatsvertrags gedacht«, schrieb Ernst Trost in seiner bei Molden erschienenen Figl-Biografie.

»Die Versammlung entsprach der Würde des Ortes. Und die Redner versuchten zu erklären, was dieses Dokument ost-westlicher Einigung für den Frieden der Welt bedeutete und was aus diesem ›Österreich ist frei‹ in zehn Jahren geworden war. Die Ehrengäste hatten zwar alle für sie reservierten goldenen Stühle besetzt, aber dennoch verbreitete sich das schmerzliche Gefühl, dass ein Platz leer geblieben war.«

Das Gefühl war in der Tat ein allgemeines. Wie beliebt (man könnte fast sagen: geliebt) der ehemalige Bundeskanzler, Außenminister und schließlich Landeshauptmann von Niederösterreich gewesen war, zeigten nicht zuletzt die vielen Witze und Anekdoten, die über ihn zeit seines politischen Lebens im Umlauf waren. Zuletzt versuchten die Menschen, das anhaltende Regenwetter zu erklären, das im Mai 1965 den Reben zu schaden begann. »Es regnet so viel, weil der Poldl im Himmel kein Wasser vertragt«, hieß es. Es war nicht das Gedenken an den Weinliebhaber, das da gemeint war. Es war, wie ich glaube, die Selbstverständlichkeit, mit der die Österreicher annahmen, dass Leopold Figl im Himmel sei.

Er hat seine Partei, die ÖVP, die er zu gründen mitgeholfen hatte, in den ersten Nachkriegswahlen am 25. November 1945 zur absoluten Mehrheit geführt.

»Mit der Mehrheit von fünf Mandaten wäre es möglich gewesen, eine Einparteienregierung zu bilden. Angesichts der beträchtlichen außenpolitischen Gefahren konnte indes davon keine Rede sein«, heißt es in den Memoiren Karl Grubers, des späteren Botschafters und Staatssekre-

tärs, die unter dem Titel »Zwischen Befreiung und Freiheit – Der Sonderfall Österreich« 1953 von Ullstein herausgegeben wurden.

»In einer Zeit, in der den breiten Massen nur schwere Lasten und wenig Gutes geboten werden konnte, war eine umfassende Koalition das Gebot der Stunde. Um Staatswerdung, Wiederaufbau und Sicherheit zu gewährleisten, durfte keine der großen Massenparteien von der Verantwortung ausgeschlossen werden.«

Und noch etwas liest man in diesem Buch:

»Politische Unterhändler haben ja immer einen Zweifrontenkrieg zu führen. Am Verhandlungstisch müssen sie dem Gegner mit dem Brustton der Überzeugung versichern, dass seine Angebote ganz und gar unbefriedigend seien, ja dass für ihre Annahme ganz und gar keine Aussicht bestünde. Die Parteifreunde müssen umgekehrt überzeugt werden, dass der Gegner wichtige Zugeständnisse gemacht habe.«

Was Gruber in diesem Buch weiterschrieb, sollte ihm zum politischen Verhängnis werden – allerdings viel später. Vorerst war er Außenminister. Am 21. Dezember 1945 stellte Figl seine Regierung dem Parlament vor. Julius Raab war als Handelsminister vorgesehen. Die Russen, die das Kabinett sanktionieren mussten, waren dagegen. Raab musste ausgewechselt werden. Vielleicht war dies der Grund dafür, dass es zwischen dem späteren »Staatsvertragskanzler« und dem Staatsvertragsunterschreiber allem Anschein und allen Beteuerungen zum Trotz nie ein friktionsfreies Verhältnis gab. Und dass das Wort »Parteifreund« jenen schalen Beigeschmack hatte, den es bis heute offenbar besitzt.

Feind - Erzfeind - Parteifreund

Als Leopold Figl mich aus dem Zimmer warf

Es sei heute viel schwieriger als früher, junge Menschen für die Politik zu interessieren oder sie gar zu bewegen, selbst hineinzugehen. Schuld daran, sagen viele, sei die Missgunst, die den Akteuren in der politischen Arena von den Zuschauern entgegengebracht wird. Darunter hatte nicht zuletzt der junge, zum Integrationsstaatssekretär ernannte Sebastian Kurz zu leiden, der zu Beginn auf ein negatives Echo sowohl in der veröffentlichten als auch in der öffentlichen Meinung stieß. Gerade in der Politik hängt das viel zitierte »Hosianna« eng mit dem »Crucifige« zusammen. Himmelhochjauchzend zu Tode betrübt – dies klingt unausgesetzt in den Ohren. Ein allfälliger Machtschwund zeigt sich hierzulande nicht abrupt, sondern in Etappen.

Dies wurde zum ersten Mal sehr deutlich, als Figl, der Bundeskanzler der vierfachbesetzten Republik Österreich, im Juni 1947 in der Wohnung eines Wirtschaftsbund-Abgeordneten den prominenten kommunistischen Parlamentarier Ernst Fischer zu einem Gespräch traf, das von den einen als »privat«, von den anderen als »geheim« bezeichnet wurde. Es ging um wirtschaftliche und offenbar auch politische Erleichterungen, die von den Sowjets zugesagt würden, wenn nicht Figl, sondern Raab die Regierung führe und auch die Außenpolitik sich den Russen gegenüber freundlicher gestalte.

Die Unterredung, die schließlich kein Ergebnis brachte, ist allein schon wegen der Tatsache, dass sie stattfand – und zwar in privatem Rahmen –, als »Figl-Fischerei« in die politische Geschichte der Zweiten Republik eingegangen. Aber erst 1953, als der hundertprozentig westlich orientierte Außenminister Gruber die Angelegenheit in seinem Buch haargenau beschrieb, führte diese zu seinem zeitweiligen politischen Tod. Der Außenminister schilderte nämlich in seinen Memoiren diese Vorkommnisse und bekannte auch, dass er das von ihm gefürchtete »Techtelmechtel« der Russen mit den Österreichern in die Öffentlichkeit gebracht habe.

Gruber konnte natürlich nicht umhin, Figl zu verteidigen:

»Der Bundeskanzler hörte die Mitteilungen Fischers gelassen an, ohne zu ihnen Stellung zu nehmen. Das war im Augenblick das einzig Mögliche. Wenngleich über das patriotische Verhalten der Kollegen im Lichte der nachfolgenden Ereignisse nicht der geringste Zweifel herrschen konnte, war es nicht eben vorsichtig gewesen, sich der rücksichtslosen Brutalität eines Kommunisten auszusetzen.«

Figl sei im Nachhinein ganz offen gewesen, schreibt Gruber. Er sei überzeugt, dass es sich um einen kommunistischen Anschlag gegen die österreichische Unabhängigkeit handle, habe der Bundeskanzler gesagt. Es gebe nur eines, nämlich äußersten Widerstand. Trotzdem habe Gruber, wie er behauptete, die näheren Umstände nicht gekannt, unter denen sich diese Unterredungen abgespielt hatten:

»Jedenfalls beschloss ich, sofort zu handeln, da ich die Sicherheit hatte, dass auch der Bundeskanzler unbedingt auf meiner Seite stehen würde. Noch in der Nacht versuchte ich einiger befreundeter Journalisten habhaft zu werden, aber merkwürdigerweise war keiner von ihnen aufzutreiben. Schließlich gelang es mir am frühen Vormittag, den Wiener Korrespondenten der Associated Press zu erreichen. Ich bat ihn in mein Büro und informierte ihn kurz und bündig über die Forderungen des Herrn Fischer. Dann machte ich mich wie gewöhnlich an meine Arbeit. Die Nachricht ging in alle Welt und schlug wie eine politische Atombombe ein. Die Wiener Mittagszeitungen brachten die Geschichte im Fettdruck. In der Wiener Lokalsprache gibt es das Wort ›Pallawatsch‹. Dieser Pallawatsch beherrschte vorerst das politische Feld. Die Morgenblätter des folgenden Tages fielen noch über mich her, weil ich eine Sensationsnachricht verbreitet hätte.«

Schon damals ist Figls Ruf als durchschlagskräftiger Regierungschef beschädigt worden. Dass es »Wirtschaftskreise« waren, die den Kanzler zu Gunsten »ihres« Julius Raab auswechseln wollten, hat, wie ich annehme, auch Leopold Figl nicht vergessen.

Aber noch war es nicht so weit. Noch konnte er regieren – in seiner Partei und, wenngleich mit übergroßen Einschränkungen durch die alliierten Besatzer, auch im Land. Aber es begannen sich Gruppen zu formieren, die dann als »Reformer« in der ÖVP aktiv wurden. Josef Klaus, selbst einer von ihnen und gleichfalls Autor von Memoiren, hat es auf den Punkt gebracht:

»In den Jahren nach 1945 hatte das Motto der Wirtschaft Wiederaufbau geheißen und dahinter standen geistige und moralische Prinzipien, die sich in einem neuen österreichischen Selbstverständnis und Patriotismus ausdrückten. Unter dem vom Glauben an seine Aufgabe beseelten Leopold Figl geschahen Wunder, die nicht nur Berge von Schutt versetzten, sondern auch den Mut zu Österreich und zum Widerstand gegen Übergriffe der Besatzungsmächte entzündeten.«

Als aber Patriotismus teilweise durch Opportunismus ersetzt wurde, begann der langsame Machtverlust des Bundeskanzlers und Parteiobmanns der ÖVP. Vorerst schien die Achse mit dem SP-Obmann und Vizekanzler Adolf Schärf noch zu halten. Aber zwischen ihnen hatte, wie Ernst Trost schreibt, nie eine starke menschliche Beziehung bestanden:

»Hier der bäuerliche Kanzler, temperamentvoll, impulsiv, oft auch unvorsichtig und manchmal ungeschickt, dort der kühle, staubtrockene josefinische Beamtentyp, der intellektuelle Städter und Jurist, der manchen Ministerrat zu einem juridischen Kolleg werden ließ. In vielen Situationen trat Schärf Figl etwas lehrerhaft gegenüber, er bewahrte ihn vor manchem Fehltritt, notierte aber genüsslich Figl-Ausrutscher und -Anekdoten in einem kleinen Büchlein. Wenn Figl an Schärf das solide Wissen bewunderte, so musste der kontaktarme Schärf Figls Charme und seine Leichtigkeit im Umgang mit Menschen schätzen. Beide respektierten einander auf ihre Weise, zu einer echten Herzlichkeit konnte es zwischen ihnen nie kommen.«

Leichtigkeit im Umgang mit Menschen? Im Umgang mit Parteifreunden schien die Leichtigkeit nicht immer vorhanden zu sein. Als 1951 bei der Bundespräsidentenwahl der oberösterreichische Landeshauptmann Heinrich Gleißner als ÖVP-Kandidat zwar im ersten Wahlgang mehr Stimmen gewann als der SP-Kandidat, der Wiener Bürgermeister Theodor Körner, in der Stichwahl aber verlor, schoben die »Wirtschaftsbündler« die Schuld dem »Bauernbündler« Figl zu.

»Bundesparteiobmann Bundeskanzler Ing. Figl und der Generalsekretär der Partei Bundesminister Dr. Hurdes ersuchen, während der Dauer ihrer Zugehörigkeit zur Bundesregierung geschäftsführende Stellvertreter für ihre Parteifunktionen zu bestellen«, hieß es in einem ÖVP-Kommuniqué. Figl-Biograf Trost merkt dazu an:

»Die beiden Stellvertreter waren Raab und Maleta. Ein ÖVP-Blatt meinte dazu, dass die Politik der Volkspartei ›sich durch ein schärferes Profil und eine festere Haltung auszeichnen möge‹, weshalb man sich zur Trennung der Partei- und Staatsfunktionen entschließen müsse. Leopold Figl hatte an diesem 14. Juni 1951 den Höhepunkt seiner machtpolitischen Laufbahn überschritten. Er sollte noch viele erhebende Augenblicke erleben, für die Bevölkerung blieb der Figl der Figl, der Poldl der Poldl, aber sein Sturz als Bundeskanzler war nur eine Frage der Zeit.«

Die Zeit dauerte noch runde drei Jahre. Die »Reformer« mit Julius Raab an vorderer Front schöpften Atem. Sie brauchten *»einen Mann alten Stils: den Intellektuellen, groß gewordenen Kleinbürger Julius Raab. Sie brauchten ihn schon deshalb, weil er der unbestritten stärkste Mann der Volkspartei war«*, schrieb Ernst Trost. Und weil – die Geschichte der jüngsten Vergangenheit hat es wieder einmal bewiesen – gerade in der ÖVP die scherzhafte Steigerung »Feind – Erzfeind – Parteifreund« offenbar doch einen gewissen mentalen Hintergrund hat.

Dieser Hintergrund hat sich in der Parteienlandschaft seit 1945 immer wieder in den Vordergrund geschoben. Gerade in der ÖVP ist er nicht zu übersehen gewesen. Da war Figl, der langsam von Julius

Raab »hinausintrigiert« wurde, da war aber auch Raab selbst, der von seiner Partei nach und nach entmachtet worden ist. Da war Josef Taus, der von Alois Mock abgelöst wurde – nach einer verlorenen Wahl. Erhard Busek, der nach ihm kam, musste nicht aus eigenem Triebe, sondern von der Partei gezwungen seinen Platz für Wolfgang Schüssel räumen, und dieser wiederum war zu seinen Hochzeiten der Darling seiner Partei und nachher einer, der im Halbdunkel der Innenpolitik »made in Austria« verschwand. Aber das alles ist Gewölk, das sich über der gesamten österreichischen Parteienlandschaft zeigt. Der österreichische »Originalton« zeigt gerade in dieser Hinsicht Dissonanzen, die nicht zu überhören sind.

Die Wahlen 1953 brachten den Sozialdemokraten erstmals seit 1945 mehr Stimmen als der ÖVP. Diese hatte es nur der Wahlarithmetik zu verdanken, dass es trotzdem noch 74 zu 73 stand: Raab Parteiobmann, Figl noch immer Bundeskanzler. Der Kanzler erhielt vom Obmann den Auftrag, eine Dreierkoalition mit dem WdU, einem Vorläufer der FPÖ, zu verhandeln.

»Figl überwand jedoch seinen Widerwillen. Manche seiner Freunde sind heute der Meinung, dass man ihm damals eine unmögliche Aufgabe stellte, um ihn eleganter abservieren zu können«, so Trost. Das gelang. »Für Leopold Figl war die Zeit abgelaufen«, sagte ein Spitzenpolitiker der Volkspartei dem Molden-Autor Alexander Vodopivec, der diese Äußerungen allerdings nicht veröffentlichte. Er schrieb:

»Ich glaube, es ist kein unverdientes Lob, wenn man sagt, dass wir in Leopold Figl sicherlich den besten Kanzler seiner Zeit gehabt haben. Aber die Zeiten gehen weiter und außerdem ist der nervliche Verbrauch für einen Bundeskanzler im Laufe der Jahre ein sehr großer. Es war also irgendwie ein von selbst gekommenes Bedürfnis, einen Wechsel in der Regierung vorzunehmen.«

Figl legte schließlich den Auftrag zur Regierungsbildung zurück, Raab erhielt ihn. Die »Machtschwindsucht« des Freiheitskanzlers, wie man Figl auch gerne nannte, da er ja der erste seit der Befreiung war, war ausgestanden. Raab hatte sein »Klassenziel« erreicht. Er war nun auch formell der starke Mann – nicht nur in der Partei, sondern auch in der Republik. Doch dann erschienen die Erinnerungen des Außenministers Gruber, in denen, wie gesagt, die »Figl-Fischerei« einen prominenten Platz gefunden hatte, und Gruber musste zurücktreten. Julius Raab, der sich vorher schon etliche Male bei Figl für seine Auswüchse der »Parteifreundschaft« entschuldigt hatte, nahm die Gelegenheit zur Wiedergutmachung wahr. Leopold Figl wurde Außenminister.

Rekapitulieren wir: Figl hat den Staatsvertrag unterschrieben, Raab aber war der »Staatsvertragskanzler«: Er hat ihn zustande gebracht. Kreisky war Staatssekretär im Außenministerium. In der Bundesverfassung heißt es, die Staatssekretäre seien den Ministern zur Unterstützung beigegeben. Was aber, wenn der eine schon in den Startlöchern scharrt und der andere nicht verdrängt werden will?

Das war mir nicht bewusst, als ich von der »Presse« den Auftrag bekam, eine Reportage über die Ausbildung der jungen österreichischen Diplomaten zu schreiben. Nichts lag damals näher, als beim Außenminister und – wie es dem damaligen Proporz entsprach – auch beim Staatssekretär entsprechende Recherchen anzustellen.

Ich rief in Leopold Figls Büro an und bat um einen Termin. Ich wurde vertröstet, man werde mich anrufen, wurde mitgeteilt. Auch bei Bruno Kreisky wurde ich vorstellig. Schon am nächsten Tag durfte ich ihn besuchen. Er empfing mich in seinem Büro am Ballhausplatz, ich stellte meine Fragen, er antwortete ausführlich, das Gespräch wurde zu einer Unterhaltung – ich sah nicht auf die Uhr, aber es dauerte sicher mehr als eine Stunde. Ich kannte Kreisky damals noch nicht gut, wusste freilich, dass er einen Rover fuhr und Maßanzüge sowie Maßschuhe trug – in jeder Redaktion war dies bekannt.

Ich war informationsmäßig saturiert, als ich Kreiskys Büro verließ. Aber noch war der Ressortchef ausständig. Einige Tage später erhielt ich auch bei ihm einen Termin. Leopold Figls Schreibtisch war damals so weit an eine Fensterwand gerückt, dass der Besucher die Distanz bis zum Minister voll der Hochachtung durchmessen musste. Ich tat es, durfte mich setzen und Figl fragte mich nach meinen Wünschen. Ich sei schon beim Herrn Staatssekretär gewesen, sagte ich, und – weiter kam ich nicht.

»Beim Kreisky waren Sie schon? Der Minister bin ich, niemand anderer. Wir haben nichts mehr miteinander zu reden! Adieu!«

Nie noch seither habe ich die Problematik einer österreichischen Koalitionsregierung so deutlich gespürt, wie nach diesem Hinauswurf, besser: Hinausschmiss! Wie es der Zufall wollte, traf ich auf dem Weg in die Redaktion – sie befand sich damals im »Pressehaus« am Fleischmarkt – ausgerechnet Figls Tochter Lisl, die ich ebenfalls kannte. »Ihr Vater hat mich gerade aus dem Zimmer geworfen«, sagte ich. Sie war verblüfft. Das sei doch gar nicht seine Art, meinte sie. Vielleicht war ich der Erste. Vielleicht hätten wir, wäre dies öfter passiert, nie den Staatsvertrag bekommen.

Der Vorfall hat mir freilich auch gezeigt, auf welch schwachen Beinen die Beziehungen Figl–Kreisky standen und wie es sich mit der »Chemie« zwischen beiden verhielt. Beim Verhältnis Figl–Raab war es Kränkung, die eine Zeit lang die Beziehungen zu vergiften schien, obzwar dies nie publik wurde und Raab sich einmal sogar mit der typischen österreichischen Ausrede »Ich kann nichts dafür« zu entschuldigen versuchte. Was aber Bruno Kreisky betraf, war es verletzte Eitelkeit, und vielleicht hing auch noch die Kränkung durch Raab nach.

Figl und Kreisky passten zueinander wie Feuer und Wasser, wie die Faust aufs Auge. Es gab, wie Regierungsmitglieder sagten, einen permanenten Kleinkrieg. Ernst Trost zitiert in seiner Figl-Biografie einen Diplomaten, der unumwunden festgestellt hatte, das Figl-Kreisky-Verhältnis sei das »denkbar schlechteste« gewesen:

»Beide waren so grundverschiedene Persönlichkeiten, dass es sinnlos war, eine echte Annäherung herbeizuführen. Sie sind gegenseitig auf der Bremse gestanden, manche Akten wurden einfach nicht mehr weiterge-

leitet. Der Kreisky war in der Wahl seiner Mittel nicht immer delikat und der Figl hat oft gelogen, dass sich die Wände bogen. Man musste da bei einer Vielzahl von Kleinbränden immer wieder Feuerwehr spielen …«

Es gehört zu den Unwägbarkeiten politischer Schicksale, dass sowohl Leopold Figl als auch Bruno Kreisky an einem Nierenleiden starben. Es gehört auch dazu, dass beide nicht am Höhepunkt der Macht verglüht, sondern am Ende langsam dahingedämmert sind. Leopold Figl war zweifellos der populärste österreichische Politiker seiner Zeit. Aber die Betonung muss auf »seiner Zeit« liegen. Als er am 14. Mai 1955 das Gebäude des Alliierten Rats verließ und den Hut schwenkte, als er im Prunksaal des Belvedere sein »Österreich ist frei!« rief, war er eine Ikone. Aber nur in der Kirche werden Ikonen auch noch verehrt, wenn sie bereits verwittert sind.

»Wo i sitz, is' oben!«

War Julius Raab ein Staatsmann?

Julius Raab, der Staatsvertragskanzler, aber auch Julius Raab, der Heimwehrführer. Und schließlich auch Julius Raab, der das NS-Regime geduckt überlebt hat. Geduckt, weil er nicht auffallen wollte.

Vorerst eine Frage, an mich selbst gerichtet: Ist Julius Raab ein Staatsmann gewesen? Besser noch: Trifft die Bezeichnung »Staatsmann« auf ihn zu?

Zugegeben: Die Definition des Begriffs ist nicht leicht. Vor allem dann, wenn sie positiv gemeint ist, gemeint sein soll. Die Hölle ist voll von Staatsmännern, die vielleicht einstmals als solche gegolten haben, aber nach dem heutigen Verständnis keine sind.

War Mao Tse Tung ein Staatsmann? War Adolf Hitler zu seiner Zeit ein solcher? Auch Verbrecher können Staatsmänner sein, sofern man sie als Menschen begreift, die absolute Macht ausüben. Es ist in diesem Zusammenhang interessant, dass es offenbar keine Staatsfrauen gibt, auch wenn auf viele dieses Wort zutrifft. Der Reigen würde von Kleopatra bis Angela Merkel reichen, von Elisabeth I. bis Indira Gandhi. Die Nomenklatur ist diesbezüglich eine rein männliche. Das sollte sich ändern. Doch das ist eine andere Geschichte.

Staatsmänner, die ich meine, sind positive Gestalten. Mag sein, dass sie in der Erinnerung verklärt werden. Die Geschichte ist eine Frage des Standpunkts und vor allem der Gegenwart, sagt man oft.

Die österreichische Geschichte, die neuere und die jüngste zumal, hat ohne Zweifel Staatsmänner aufzuweisen. Das Tragische an unserer Historie ist, dass jene, die ich meine, nicht mehr in die heutige Zeit passen. Sie waren Männer ihrer Epoche. Da ist es wieder, dieses vermaledeite Gender-Merkmal. Nicht in die heutige Zeit passend? Es kommt darauf an, was man darunter versteht. Wie man die heutige Zeit misst. Auch das ist eine Frage, die vor allem von den Spätgeborenen gestellt wird.

Was die einen als österreichisches Heldenzeitalter nach 1945 bezeichnen und bis zum Ende der Besatzungszeit, also bis 1955 rechnen, ist für andere, die das lehren, was sie unter Zeitgeschichte verstehen, eine Periode, die man am besten vergisst. Sie sprechen von »Befreiungsmythos« und »Wiederaufbaulegende« und sagen, dass die späten Vierziger- und die frühen Fünfzigerjahre des 20. Jahrhunderts stickig gewesen seien und versumpft und was derlei Eigenschaften mehr sind. Ich kann mich mit solchen Gedanken nicht anfreunden. Aber auch das ist eine andere Geschichte.

Zurück zur Zweiten Republik, zur Zeiteinteilung der Geschichte. Zurück auch zur Frage, ob es seit 1945 Staatsmänner gegeben habe und welche. Bruno Kreisky natürlich. Leopold Figl? Zweifellos. Der Niederösterreicher mit dem rotblonden, am Ende grau gewordenen Schnurrbart ist einer der Gründer des neuen Österreich gewesen. Und Julius Raab? Wenn Figl ein Vater der Befreiung war, so ist Raab ein Vater der Freiheit gewesen. Der Staatsvertragskanzler. Der mächtigste Politiker Österreichs von 1953 bis 1961. Einer, der wusste, wie die Macht schmeckt. Als er einmal zu spät in eine Sitzung kam und sich einen Sessel am Ende des Tisches nahm, wurde er aufgefordert, doch oben Platz zu nehmen, da er ja den Vorsitz führen werde. »Wo i sitz, is' oben!«, sagte er. Ich habe selten eine so direkte Darstellung der Machtausübung gehört.

Julius Raab war, als ich ihn kennenlernte, schon ein betagter Politiker. Er wurde im Alter von 62 Jahren Bundeskanzler. Mein erster Eindruck war ein ebenso ehrfürchtiger wie skurriler, damals, im Sommer 1954. Es war das Jahr der Fußball-WM in der Schweiz und die Österreicher waren so erfolgreich wie nachher nie wieder. Sie wurden Dritte. Bundeskanzler Raab holte die Mannschaft vom Westbahnhof ab. Ich war dabei und bemerkte argwöhnisch, dass – ja, dass der Regierungschef eine graue Unterhose trug, die über den

Rand des Hosenbundes hinausragte. Ich weiß nicht, ob irgendeiner von meinen Kollegen die gleiche Beobachtung gemacht hat. Für mich ist diese erste Begegnung mit der wirklichen Macht eine ganz sonderbare gewesen.

Die Macht. Ich habe Julius Raab kennengelernt, als er längst wusste, wie sie schmeckt, diese Macht. Der Unterschied zu Leopold Figl konnte nicht größer sein. Da der Leutselige, der Populäre, einer, der sich in der Menge ebenso wie am Wirtshaustisch wohl fühlte. Und da der andere, der im Café Landtmann seine Virginier rauchte und der sich, wie man wusste, zu Mittag mit einer »Beamtenforelle« begnügte, wie die Knackwurst im Volksmund heißt. Sie waren befreundet und doch nicht nur altersmäßig meilenweit voneinander entfernt. Figl kam schon mit dem allerersten Prominententransport ins KZ. Julius Raab nahm noch zu Weihnachten 1944 an einer Feier jener Firma teil, in der er Unterschlupf gefunden hatte. Unterschlupf?

»In der nationalsozialistischen Zeit habe ich mich bei verschiedenen Baufirmen betätigt«, sagte der nachmalige »Staatsvertragskanzler«. *»Zuerst als Bauleiter für Straßenbauten, die damals repariert werden mussten, die Straßen für die Besetzung der Tschechoslowakei, die Fahrbarmachung dieser Straßen für den nachmaligen Aufmarsch der deutschen Armee, der dann erfolgte. Die Baufirmen sind ja die sozialsten Unternehmungen. Sie nehmen immer die politisch Gestrandeten auf …«*

Raab erzählt dies auf einer Schallplatte, die den Titel »Freiheit für Österreich. Mein Leben« trug. Die gesprochenen Erinnerungen würden heute dazu ausreichen, den Erzähler, gelinde gesagt, in ein schiefes Licht zu rücken. Raab hat demnach freimütig erzählt, dass er Straßen für die Besetzung der Tschechoslowakei durch die deutsche Wehrmacht reparierte. Aber in der Euphorie der Staatsvertragsperiode ging alles das unter.

Wir haben auch die Tatsache übersehen – ich jedenfalls habe sie damals nicht gekannt –, dass »Landesführer Nationalrat Raab«, der er 1930 war, den sogenannten »Korneuburger Eid« geleistet hatte.

Angeblich. Es gibt divergierende Aussagen. Fix ist nur der Wortlaut dieses am 18. Mai 1930 vom Heimwehr-Bundesführer Steidle verlesenen Gelöbnisses, in dem es unter anderem heißt:

»Wir müssen den eigenen Vorteil vergessen, müssen alle Bindungen und Forderungen der Parteien unserem Kampfziel unbedingt unterordnen, da wir der Gemeinschaft des deutschen Volkes dienen wollen! Wir verwerfen den westlichen demokratischen Parlamentarismus und den Parteienstaat! Wir wollen an seine Stelle die Selbstverwaltung der Stände setzen und eine starke Staatsführung, die nicht aus Parteienvertretung, sondern aus den führenden Personen der großen Stände und aus den fähigsten und bewährtesten Männern unserer Volksbewegung gebildet wird. Wir kämpfen gegen die Zersetzung unseres Volkes durch den marxistischen Klassenkampf und die liberal-kapitalistische Wirtschaftsgestaltung.«

Ob auch Raab dieses Gelöbnis abgelegt hat, ist bis heute ungewiss. Er war dabei. Aber er hat, wie mir mein alter, längst verstorbener Onkel, ein in der Wolle gefärbter Sozialdemokrat, scherzhaft sagte, wahrscheinlich im entscheidenden Augenblick die Toilette aufsuchen müssen. Diese spielt ja in der österreichischen Innenpolitik keine geringe Rolle. Rudolf Kirchschläger, damals Außenminister, sei für kurze Zeit »ausgetreten«, sagten wir später. Er habe den Regierungsbeschluss über die Erleichterung der Schwangerschaftsunterbrechung nicht mittragen wollen. Und Bundeskanzler Kreisky hat immer wieder über Heinz Fischer gewitzelt: Stets dann, wenn das Spitzengremium der SPÖ Schwerwiegendes zu entscheiden hatte, habe er »hinaus« müssen. Ein Scherz, Kreisky-like …

Raabs politische Vergangenheit bis 1938 mag ein Grund dafür gewesen sein, dass die Sowjets Einspruch erhoben, als Figl ihn 1945 ins Kabinett holen wollte. Es hat Raabs weiterer Laufbahn nicht geschadet. Und wir jungen Journalisten hatten das, was einmal war, zu Gunsten der Gegenwart hintangestellt – und die war mühsam genug. Uns imponierte der drastische Antikommunismus, der Raab auszeichnete. Und für den nicht weniger drastischen Antimarxismus galt das Gleiche. Dass Raabs Aufruf vor der Bundespräsidentenwahl 1951 in gewisser Hinsicht einigen Passagen des »Korneuburger Eids« ähnelte, war uns nicht bewusst:

»Sozialisten und Kommunisten reichen einander in einer Entscheidungsstunde die Hände, um ihr gemeinsames Ziel, die Errichtung der roten Diktatur, auch gemeinsam zu erkämpfen.«

Der flammende Appell nützte nichts, der »rote« Wiener Bürgermeister Körner hat schließlich gewonnen. Und Figl, ÖVP-Obmann und Bundeskanzler, hatte seine erste politische »Delle« abbekommen.

Raab hat dies in den folgenden Jahren genützt, was Ernst Trost eindrucksvoll in seiner Figl-Biografie schildert:

»Leopold Figl, dem persönlich niemand das Geringste vorwerfen konnte, musste als Bundeskanzler und Parteiobmann für alles, was in seinem Machtbereich geschah, gerade stehen: für eine Periode des Sichrichtens, des Handelns und Verhandelns auf Freundschaftsbasis. Und Freundschaft war für Figl stets ein Gesetz, das ihn wie kaum ein anderes verpflichtete.«

Die ÖVP hatte schon damals andere Maßstäbe – und hat sie noch immer, wie sich bis ins 21. Jahrhundert zeigte. Wolfgang Schüssel war da ein drastisches Beispiel. Der Begriff »Reformer« ist der Partei immer geläufig gewesen. Josef Klaus, einer von ihnen, hat in seinen Memoiren die Gründe dargelegt:

»Ich mag keine Protokolle, dann kann man das Abgemachte ja nicht mehr so interpretieren, wie man es eigentlich gemeint hat – so ähnlich drückte sich einmal Raab aus. Dazu kam die Scheu des Praktikers vor dem Theoretiker, die Scheu des intuitiv über den Daumen peilenden Vollblutpolitikers vor dem analytischen Geist des Denkers, die Abneigung gegen den ›Büchlschreiber‹ schlechthin.«

Das schrieb Klaus, der natürlich selbst ein Büchlschreiber war, ein Intellektueller. Raab war das genaue Gegenteil. Er war ein Antiintellektueller. Ich erinnere mich an eine köstliche Kabarettszene, noch lange vor dem 15. Mai 1955. Ein Schauspieler in der Maske

Raabs wird von einem Journalisten interviewt. Die letzte Frage war eine heimtückische: »Welches Buch lesen Sie gerade, Herr Bundeskanzler?« Worauf Raab seinen Sekretär ruft: »Sagn'S ihm halt irgend ans!«

Ich weiß nicht, ob der »Staatsvertragskanzler« den Beifall geteilt hätte, in den auch ich damals einstimmte. Während des Krieges, als er in einer Baufirma arbeiten konnte, will er viel gelesen haben. Seine Lieblingsbeschäftigung, schrieb der Geschäftsführer des Julius-Raab-Gedenkvereins, Rainer Stepan, sei die Lektüre historischer Werke gewesen, *»vor allem der Arbeiten von Mommsen. Besonders beeindruckten ihn Bücher über Philipp II., Heinrich IV., die Tudors und den Krieg zwischen Weißer und Roter Rose, ferner die Metternich-Biografie von Heinrich von Srbik und Oswald Redlichs Werk ›Großmacht Österreich‹.«*

Großmacht Österreich? Großmacht Raab? Er ist nie das gewesen, was man einen »Medienkanzler« nennen könnte. Der ehemalige Staatssekretär Karl Pisa, dessen Aufgabe nicht zuletzt die Regierungspropaganda gewesen war, nennt die Beziehungen Raabs zu Zeitungen, Radio und später Fernsehen *»ein zweipoliges Beziehungsfeld mit Kraftlinien, die keineswegs nur in einer Richtung verliefen, weil Raab durchaus bewusst, über Medien und medienerfahrene Mitarbeiter Einfluss auf die öffentliche Meinung zu nehmen versuchte, und umgekehrt die Medien Raab berichtend und wertend, kritisierend und popularisierend ins Blickfeld der Öffentlichkeit rückten«.*

Aber Raab war ein »Politiker, dessen Image Ausdruck seiner Persönlichkeit und nicht bloß mediengerechte Kostümierung war«. Raab war demnach – ich konnte es wiederholt bezeugen – »kein eloquenter Redner und kein für Journalisten unterhaltsamer Gesprächspartner«, wie Pisa richtig schreibt.

Er hat kaum Pressekonferenzen gegeben. Er war nie richtig locker. Aber es gab Ausnahmen. Er konnte schlagfertig sein. Kurt Jeschko, Sportchef der »Presse« und beliebter Radiokommentator, erzählte mir von einem Zwischenfall, den er unabsichtlich provoziert hatte, als er die Treppe zum Wiener Rathauskeller hinuntereilte. Auf einem Absatz stieß er mit Julius Raab zusammen, der langsam hinaufstieg. Noch bevor Jeschko eine Entschuldigung stammeln konnte, brummte der Kanzler: »Halt, Halt, junger Mann! Wollen'S mich stürzen?«

Die Medienlandschaft der 1950er-Jahre sei den bescheideneren Selbstdarstellungsbedürfnissen, aber auch den weniger entwickelten Selbstdarstellungsfähigkeiten eines Politikertypus, wie ihn Raab verkörperte, zweifellos entgegengekommen, schreibt Karl Pisa. Raab habe nie um öffentliche Aufmerksamkeit gebuhlt. Demgemäß war auch seine Beziehung zu den elektronischen Medien eine ambivalente. Als es darum ging, Radio und Fernsehen politisch aufzuteilen und dem Proporz gemäß zu besetzen, hielt der Bundeskanzler den Hörfunk für das wichtigere Medium. »In des Narrnkastl schaut eh kaner eine«, sagte er über die Television.

In der Tat, Raab war nichts weniger als ein Medienkanzler. Wenn er zornig war, nahm er sich kein Blatt vor den Mund. Vor der Bundespräsidentenwahl 1957 haben wir von der »Presse« uns für Adolf Schärf stark gemacht, weil wir der Überzeugung waren, dass der ÖVP-Kandidat Wolfgang Denk, ein berühmter, aber völlig unpolitischer Chirurg und Krebsforscher, kein gutes Staatsoberhaupt abgeben würde. Schärf überrundete Denk bei Weitem und Fritz Molden, damals Herausgeber der »Presse«, besuchte auf seinem Rundgang durch die Parteihauptquartiere auch jenes der ÖVP im Palais Todesco. Raab sah ihn – und kanzelte ihn wie einen Schulbuben wütend ab: »Dass Sie Ihna überhaupt no hertraun!« Molden entfernte sich erhobenen Hauptes und zufrieden mit dem Wahlergebnis.

Allein, Julius Raab wusste genau, wann er – was äußerst selten vorkam – die Unterstützung der Medien benötigte. Als nach der Ungarn-Revolution im November 1956 die Sowjets, die den Aufstand niedergeschlagen hatten, bis zur österreichischen Grenze vorrückten, gerieten Sowjetsoldaten, die Flüchtlinge verfolgt hatten, bei Rechnitz auf österreichisches Territorium. Die Grenze war mit rot-weiß-roten Fahnen gekennzeichnet und von den damals noch überaus schwachen Einheiten des Bundesheeres überwacht worden. Einer der Russen, der trotz Aufforderung nicht stehen blieb, wurde angeschossen und tödlich verletzt.

Die Situation war klar, die Konsequenzen hätten in Anbetracht der herrschenden Nervosität aber dennoch sehr gefährlich werden können. Bundeskanzler Raab, der anderthalb Jahre zuvor den Staatsvertrag aus Moskau heimgebracht hatte und größten Wert darauf legte, mit den Sowjets ein gutes Einvernehmen zu pflegen, bat eine Gruppe von Chefredakteuren zu sich ins Kanzleramt. »Meine Herren«, sagte er, »tuts mir die Russen nicht reizen. Wenn sie dann kommen – i kann's mit'm Bundesheer net aufhaltn!« Wir hielten uns zurück, Raab war zufrieden.

Sein Charakterbild ist möglicherweise von Parteiengunst und Hass verwirrt worden. Aber schwankt es in der Geschichte? Sein Testament jedenfalls hat uns alle, die wir damals in den Medien werkten, tief beeindruckt:

»Von meinen Freunden und Mitarbeitern und von allen Österreichern, meinen Anverwandten, erbitte ich Nachsicht über manches ungereimte Wort und um Verzeihung, wenn ich sie gekränkt haben sollte; das gilt auch für meine politischen Gegner. Aber alle bitte ich inständig, die rot-weiß-rote Fahne hochzuhalten und unser schönes Österreich als einen Hort der Freiheit zu bewahren. Ich will ganz einfach begraben werden, ohne jeden Prunk. Reden sollen möglichst wenig gehalten werden, wenn möglich, nur eine, und die soll mein lieber und alter Weggenosse Dr. Leopold Figl halten. Blumenkränze sollen keine gegeben werden, mit Ausnahme von drei: der Kranz meiner Frau, der Kranz der Bundesrepublik und der Kranz des Landes Niederösterreich, dem ich mich besonders verpflichtet fühle. Der schönste Freundschaftsdienst, den mir jemand erweisen will, ist ein stilles, andächtiges Gebet. Ich hoffe, dass mir der Herrgott ein gnädiger Richter sein wird und die Gottesmutter eine gütige Fürbitterin. Und nun lebe wohl, schöne Welt! Ich fürchte den Tod nicht! Er ist Erlösung von der Erdenschwere, von der vergänglichen Materie, ein

schöner Schritt dem wirklichen Endziel zu: Gott zu schauen und seine Herrlichkeit!«

Die Bitten des Staatsvertragskanzlers sind von der Welt erfüllt worden. Auch von seinem »lieben und alten Weggenossen« Leopold Figl.

Kommen die Russen wieder?

Ungarn-Revolution: Zwischen Budapest und Messepalast

Mag sein, dass die Euphorie heute nicht mehr ganz verständlich ist, die wir Journalisten im Staatsvertragsjahr 1955 erlebt haben. Es war in der Tat auch bei jenen jungen Reportern, die als »weiße Jahrgänge« galten, eine Periode fast persönlichen Triumphs: Die vier Besatzungsmächte zogen ab. Es gab wieder österreichische Soldaten. Sie sind in Wien freudig begrüßt worden. Ich schrieb es schon: Die Mariahilfer Straße war festlich beflaggt, als die ersten Einheiten der zum neuen Bundesheer mutierten B-Gendarmerie in die Bundeshauptstadt einzogen. Der Freudentaumel, der die Menschen damals erfasst hatte, wirkte sich auch auf den herzlichen Willkommensgruß aus, der den Soldaten entgegengebracht wurde.

In den Redaktionen saßen damals nicht allzu viele Kollegen, die den Krieg miterlebt hatten. Die Mehrzahl waren Junge, die unter dem Begriff »Militär« nur die Besatzer verstanden. Sich vorzustellen, dass es je wieder einmal österreichische Truppen auf österreichischem Boden geben könnte, übertraf unsere Vorstellungskraft. Dass der Staatsvertrag ursprünglich sogar eine Stärke von 55.000 Mann für das Bundesheer vorgesehen hatte, lag jenseits unserer Fantasie. 55.000 – ist das viel oder wenig? Werden das wirklich österreichische Soldaten sein – oder etwa gar alte Besatzer in neuen Uniformen?

Dann kam die letzte Parade der Alliierten auf der Ringstraße. Sie hatten ihre Stiefel gewichst, mit denen sie über den Asphalt marschierten – die Amerikaner mit Gummisohlen, die Russen mit jenen Stiefeln, die wir zehn Jahre lang kennengelernt hatten, die Briten und Franzosen in offenbar nagelneuen Uniformen.

Als letztes Kontingent kamen die Österreicher. Wieder im alten historischen Paradeschritt, so wie beim Einzug durch die Mariahilfer Straße und auf dem Heldenplatz. Es ist ein »Schleifschritt«. So wie ein österreichischer Militärmarsch sich vom deutschen und, nota bene, auch vom amerikanischen unterscheidet, so ist dieser Marschtritt der Österreicher etwa mit dem Stechschritt der Russen und natürlich auch jenem der Deutschen unseligen Angedenkens nicht zu vergleichen.

Wir Journalisten beobachteten, notierten und berichteten. Vor allem darüber, dass diesmal auch die österreichischen Soldaten zu österreichischen Märschen marschierten. Marschieren durften. Ich stand vor dem Hotel Bristol und war glücklich. Auch dieses Mal war der Journalist, der Zeitungsmann, der Reporter hauptsächlich Österreicher. Hauptsächlich Patriot. Ist das verwerflich?

Wir haben in den Zeitungen in diesen Tagen die Diskussion nachvollzogen, die in der Regierung stattgefunden hatte: Wird es in Österreich wieder eine allgemeine Wehrpflicht geben oder ist ein Berufsheer geboten? Die Älteren unter den Zeitungsleuten, die im Zweiten Weltkrieg »ihre Pflicht erfüllt hatten« – eine Redewendung, die Jahre danach nur mehr negativ besetzt war –, hielten nicht viel davon, junge Männer »einzuberufen«. Ein Berufsheer schien ihnen plausibler.

All diesem widersprach die SPÖ. Die Sozialdemokraten konnten sich von der Erinnerung des Februar 1934 nicht freimachen. Damals schossen Berufssoldaten auf Gemeindebauten. Ein Berufsheer kam 1955 für den sozialistischen Koalitionspartner nicht infrage.

Auch in den Medien gab es diesbezüglich keine weiteren Fragen. Die allgemeine Wehrpflicht – früher hieß es »Volksheer« – schien das einzig Sinnvolle in dieser Zeit. Hinzu kam das Gebot der »bewaffneten Neutralität«. Ein Berufsheer schien mehr als unzweckmäßig. Es war fast denkunmöglich.

Aber vorläufig gab es überhaupt kein Heer – weder ein »stehendes« noch eines, das auf der allgemeinen Wehrpflicht beruhte. Die

Kontingente, die über die Ringstraße paradierten, waren gleichsam nur Symbole. Dass sie von den Menschen bejubelt wurden, lag daran, dass sie die endgültige Zäsur zwischen Besatzung und Freiheit darstellten. Welche Uniformen, welche Waffen, welcher Marschtritt – das war uns egal. Was für ein Unterschied zu den späteren Paraden über die Ringstraße! Es ist interessant, dass sie Zuschauer anzogen, deren Zahl in die Hunderttausende ging. Interessant auch, dass die alljährlich auf dem Heldenplatz stattgefundenen Waffenschauen des Bundesheeres eine Attraktion bildeten, die selbst die Organisatoren bisweilen überraschte.

Die erste »Bewährungsprobe« des neuen Heeres der Republik erfolgte schon im Spätherbst 1956. Noch immer steckte das Bundesheer in den Anfängen, gleichsam (man verzeihe die Metapher) in den Kinderschuhen. Es gab Waffen und Gerät von Amerikanern und Russen. Die Sowjets hatten vor allem alte, schwere T-34-Panzer zur Verfügung gestellt, dazu gab es die leichteren amerikanischer Provenienz. Es gab Jeeps und amerikanische Lastwagen. Und es gab, abgesehen von den Berufskadern, den ersten »eingezogenen« Jahrgang 1937. Genau 12.823 Jungmänner sind am 15. Oktober 1956 zu den Fahnen gerufen worden – die ersten neuen Soldaten der Zweiten Republik. Sie trugen Uniformen, die sich als ein Sammelsurium alter und neuer, inländischer und ausländischer Stücke zusammensetzten, ebenso wie die Bewaffnung.

Dieses Heer war es, das in den letzten Oktober- und den ersten Novembertagen 1956 erstmals eingesetzt wurde. Eingesetzt werden musste. Wenig mehr als einen Monat nach der Einberufung hatte damals für die Rekruten bereits jener Ernstfall begonnen, von dem damals niemand ahnte, wie ernst er wirklich war. Es hatte am 23. Oktober mit einer großen Studentendemonstration in Budapest begonnen und führte einige Tage später zur Auflösung der kommunistisch diktierten Staatsordnung.

Dies hieß in der Folge nichts anderes, als dass ein Mitgliedsland des sowjetisch dominierten Warschauer Paktes drauf und dran war, sich aus dem Militärbündnis zu lösen. Würde Moskau das tolerieren? Die Wiener Redaktionen fieberten – immerhin waren wir nur rund 50 Kilometer von der ungarischen Grenze entfernt. Wir wussten viel. Aber wir wussten nicht alles – Gott sei Dank. Wir hatten beispielsweise keine Ahnung, welche Divergenzen, um nicht zu sagen Feindseligkeiten sich in der obersten Etage der österreichischen Landesverteidigung breitmachten. General Liebitzky, der ranghöchste Offizier und »Vater« des neuen Bundesheeres, war mit dem Generaltruppeninspektor Fussenegger in fast keinem Punkt einer Meinung. Was sich oben abspielte, war auch unten zu spüren. Es gab sogar zu wenig Munition. Andererseits galt schon bei der Aufstellung des Heeres die Behauptung des eigenen Territoriums und damit die glaubwürdige Bewahrung der Neutralität als politisches Ziel der Bewaffnung Österreichs.

Im Spätherbst 1956 war es so weit. Zuerst sah alles nach einer friedlichen Einigung aus. Die Russen zogen sich zurück, sogar die Grenzübergänge nach Österreich wurden geöffnet. In Budapest richtete sich der Hass der Bevölkerung gegen die Angehörigen des Geheimdienstes. Es kam sogar zu einigen Fällen von Lynchjustiz. Fotos von halb verbrannten oder aufgeknüpften AVO-Leuten (so hieß der kommunistische Geheimdienst) kursierten in den Wiener Redaktionen.

Während Einheiten des Bundesheeres – schwach, wie sie waren – die Grenze nach Ungarn zu sichern versuchten, machten sich ganze Kompanien von Zeitungs- und Radioreportern (das österreichische Fernsehen gab es damals noch kaum) auf den Weg zu den Quellen von Interviews und Reportagen. Auch ich war einer. Auf Geheiß der »Presse« und am Steuer meines jüngst erstandenen Steyr Fiat 600 »inspizierte« ich die Grenze in der Gegend von Andau.

Es gab keine Schlagbäume mehr an den Grenzübergängen. Ich wanderte ein Stück des Weges nach Ungarn, begegnete Bauern, die die ungewohnte Ausflugsmöglichkeit nach Österreich nutzten, und fühlte mich »sicher«, weil ich auf der österreichischen Seite einen Panzerspähwagen sah. Es war der einzige weit und breit. Es war ein amerikanischer, aber er trug österreichische Markierungen. Später, viel später erfuhr ich, dass sich nur Jeeps und leicht gepanzerte Fahrzeuge unmittelbar der Grenze nähern durften. Andere Einheiten mussten 500 Meter davor halten.

Es war, wie gesagt, eine Atempause. Sie endete am 4. November. An diesem Tag begannen fünf sowjetische Divisionen, die sich vorerst in Ausweichquartiere zurückgezogen hatten, mit einem Großangriff gegen die »Konterrevolutionäre«, wie Moskau die ungarischen Freiheitskämpfer nannte. Die Revolution begann, ihre Kinder zu fressen.

Aber nicht sofort. Fritz Molden, »Presse«-Herausgeber, ist damals mit einer Lieferung von Hilfspaketen nach Ungarn gefahren. Er hatte einen Mitarbeiter aus der Redaktion als Begleiter dabei, Eugen Geza Poganyi, die beiden erlebten den »Bürgerkrieg« in der ungarischen Hauptstadt mit. Moldens »Direktberichte« haben uns Junge in der Redaktion damals hellauf begeistert, weil sie eindrucksvolle Unmittelbarkeit zeigten. Zusammen mit Poganyi hat der »Presse«-Herausgeber nach seiner Rückkehr einen journalistischen »Schnellschuss« abgefeuert. Die beiden schrieben unter dem Titel »Ungarns Freiheitskampf« ein Erlebnisbuch, das noch vor Weihnachten 1956 herauskam und nicht zuletzt wegen seiner Aktualität ein Bestseller wurde.

In Ostösterreich, in Wien zumal, hatte sich indes Sorge breitgemacht. Es war nicht Angst, jedenfalls nicht in der »Presse«. Wir glaubten nicht ernsthaft, dass die Sowjetpanzer, die bis an die österreichische Grenze vorstießen, diese nicht beachten würden. Dass sie am Ende wieder jene Zone besetzen würden, die sie ein Jahr vorher geräumt hatten. Nein, wir glaubten es nicht. Wir wussten ja auch nicht, dass Heerespioniere bereits Vorkehrungen getroffen hatten, Donaubrücken zu sichern und für eine Schnellsprengung vorzubereiten.

Generaltruppeninspektor Fussenegger hatte dies angeordnet, ohne General Liebitzky davon in Kenntnis zu setzen. Aber es hat, wie es nachher im Verteidigungsministerium hieß, eindrucksvoll gezeigt, »dass die militärische Führung damals willens und fest entschlossen war, das österreichische Staatsgebiet tatsächlich mit allen zur Verfügung stehenden Mitteln zu verteidigen«.

Noch einmal: Wir haben das alles nicht gewusst. Wir haben nicht gewusst, dass die Pläne bereits eine »hinhaltende Verteidigung« vorsahen. Aber wir haben gewusst, dass sich ein gewaltiger Flüchtlingsstrom nach Österreich wälzte. An einem Tag waren es bis zu dreitausend Menschen. Viele von ihnen kamen über die »Brücke von Andau«, die den sogenannten »Einser-Kanal« überspannte. Es ist jene Brücke, die James A. Michener den Titel eines Romans gegeben hat, der später verfilmt wurde.

Viele Flüchtlinge kamen auch über die Hauptstraße bei Hegyeshalom: Leute, die nicht nur Rucksäcke, Schachteln und Taschen trugen, sondern oft auch Gewehre und Maschinenpistolen. Sie wurden hinter dem Schlagbaum, der zu diesem Zeitpunkt offen stand, von österreichischen Soldaten entwaffnet. Schon in der ersten burgenländischen Ortschaft sind sie bewirtet worden. Die Menschen auf dieser, unserer Seite kannten die Ursache der Massenflucht.

Insgesamt waren es 200.000, die den Weg in die österreichische Sicherheit suchten. Wir wussten, dass die immer größer werdende Zahl der Ungarnflüchtlinge die Aufnahmefähigkeit Österreichs zu überfordern drohte. Die Fähigkeit, nicht die Bereitschaft.

Die Österreicher waren damals (genauso wie zwölf Jahre später, im Sommer 1968) nicht nur guten Willens, sondern geradezu begeistert, ja wetteifernd in ihrem Willkommen. Sehr zum Unterschied zu einer Reihe von Staaten, vor allem in Übersee, die gleichsam selektionierten. Es ging ihnen hauptsächlich um die Aufnahme von Fachkräften. Ich besuchte damals als Probe aufs Exempel die kanadische Botschaft und war verblüfft über den strengen Maßstab, den sie an die Flüchtlinge legten, die emigrieren wollten.

Es war die Ironie des weltpolitischen Schicksals (oder die Dummheit der österreichischen Kommunisten?), dass ausgerechnet während der Zermalmung des ungarischen Freiheitskampfes durch sowjetische Panzer die Wiener KP im Messepalast eine Feier zum Jubiläum der russischen Oktoberrevolution veranstaltete (die nach dem dortigen Kalender im November stattfand). Mehr hatten sie nicht gebraucht, die »Kummerln«. Eine erbitterte Menschenmenge, von einem großen Polizeikontingent mühsam zurückgehalten, belagerte das vorsichtshalber geschlossene Tor.

Wieder war ich dabei, wieder als Lokalreporter, der natürlich auf der Seite der Belagerer war, im Geiste jedenfalls. Die Wut der Menge war so groß, dass es nahezu unmöglich schien, die Teilnehmer an der KP-Kundgebung (es waren kaum mehr als hundert) heil fortzubringen. Schließlich musste der Platz vor dem Messepalast »geräumt« werden, wie es im Polizeijargon heißt – und zwar mit Gummiknüppeln. Erst dann konnten die Kommunisten das Weite suchen.

Die erbitterten KP-Gegner, die indessen immer zahlreicher geworden waren, suchten sich danach neue »Opfer«. Sie zertrümmerten die Auslagen von kommunistischen Parteilokalen, versuchten deren Türen aufzubrechen und konnten abermals nur durch Gewalt in Schach gehalten werden. Wieder war es Stoff für eine zünftige Reportage. Ich bezahlte sie mit einem verstauchten Knöchel. Es war vor einem KP-Lokal in der Prinz-Eugen-Straße. Die Polizei drängte die Umstehenden und natürlich auch die Reporter von der Straße ab und in ein Rasenstück. Das Nächste, was ich sah, war der erhobene Stock eines Uniformierten – dann stolperte ich und stürzte. Es war, wie ich mich zu erinnern glaube, der einzige »Unfall« im Dienst.

Um die Flüchtlingssituation zu prüfen, kam der damalige US-Vizepräsident Richard Nixon nach Wien. Washington hatte, wie uns schien, ein schlechtes Gewissen. Die ungarischen Freiheitskämpfer, die sich gegen kommunistischen Terror auflehnten, hatten auf amerikanische Unterstützung gehofft. Sie kam nicht. Dafür kam Nixon, freilich spät, zu spät. Er besuchte damals österreichische Flüchtlingslager an der ungarischen Grenze. Seine Autokolonne jagte im Schneetreiben über die Bundesstraße ins Burgenland. Ich hatte den Auftrag, mich dem Konvoi anzuschließen und den Besuch des Vizepräsidenten zu »covern«. Die Redaktion wartete auf meinen telefonischen Bericht.

Sie wartete vergeblich. Ich verlor mit meinem kleinen Auto den Anschluss an die Nixon-Kolonne, konnte im aufgewirbelten Straßenschlamm nicht mehr durch die Windschutzscheibe sehen … Kurz: Der Auftrag endete mit einer totalen journalistischen Pleite. Man hat es mir verziehen. Die Austria-Presseagentur sorgte dafür.

Zurück aber zu den Anfängen des Bundesheeres und zu den ersten Versuchen, die Verteidigungsbereitschaft der Republik zu beweisen. Das erste große Manöver (offiziell hieß es »Verbandsübung« oder auch »Großübung«) fand von 19. Mai bis 8. Juni 1958 in mehreren Übungsräumen statt, unter anderem auch in Allentsteig. 30.000 Männer nahmen daran teil. Um zu zeigen, wozu unsere bewaffnete Macht bereits fähig war, wurden auch Journalisten nach Allentsteig eingeladen. Wir wurden sogar »eingekleidet«, bekamen feldgraue Arbeitsanzüge, militärische Feldkappen und weiße Armbinden, so wie sie die »Unparteiischen« trugen. Dies verwirrte die Jungmänner, denen wir begegneten. Sie hielten uns offenbar für Offiziere oder jedenfalls für »Schiedsrichter« und grüßten jeweils stramm. Ich wusste nicht, wie ich reagieren sollte, und tat, was mir richtig schien: Ich legte die Hand an die Mütze. Ein Kollege war noch ahnungsloser als ich. Er lüftete dankend die Kopfbedeckung.

Die »Manöverannahme« war, dass Angreifer – die weder aus der Tschechoslowakei noch aus Ungarn kommen durften, weil es sonst außenpolitische Schwierigkeiten gegeben hätte – von den Verteidigern aufgehalten und zum Rückzug gezwungen werden sollten. Ich weiß nicht mehr, wer damals gewonnen hat. Ich weiß nur, dass wir allesamt eine militärische Unterkunft bezogen, die uns Zeitungsleute zwar anfangs missmutig stimmte, schließlich aber zum Abenteuer wurde. Weil in unserer »Ubikation«, die wir gemeinsam teilten, ununterbrochen ein altes, offenbar aus amerikanischen Beständen stammendes Feldtelefon schrillte, das niemand bedienen konnte. Als es zu arg wurde, schnitt ein erboster Radioreporter das Kabel durch. Von allfälligen Konsequenzen erfuhren wir nichts.

Aber ich war dann dabei, als nach Manöverschluss der Vorbeimarsch in Allentsteig beide »Parteien« vereinte. Sie waren alle müde, die jungen Präsenzdiener, die da ihre erste »Kampferfahrung« sammeln durften (mussten?). Aber ich habe, damals jedenfalls, nichts von Unwillen gesehen oder gehört, auch nichts von dem, was man heute mit einem neuen Polit-Wort als »sudern« bezeichnet. Sie waren eigentlich alle guter Dinge, diese Jungmänner.

Guter Dinge waren stets auch die verschiedenen Verteidigungsminister, die ich traf – zu Interviews, zu Einzelgesprächen, beim Essen.

Da war etwa Robert Lichal, einer von der »Stahlhelmfraktion« und noch dazu mein Jahrgangskollege.

Da war Georg Prader, im Privatleben ein – nun, sagen wir: etwas freizügiger Minister. Man hat mir erzählt, dass er des Öfteren in einem eher zwielichtigen Lokal im zweiten Bezirk zu sehen war, mit Perücke. War er in Amt und Würden, ist er an Leutseligkeit kaum zu übertreffen gewesen. Ich saß im Kasino der Maria-Theresien-Kaserne neben ihm, als eine servierende Ordonanz, ein blutjunger Rekrut, dem Minister die Bratensauce über das Sakko goss. Noch bevor er sich bleich und schlotternd entschuldigen konnte, winkte Prader ab: »Macht nix! Wird geputzt!« Und schlüpfte aus dem Rock, den ein Adjutant eilfertig in Empfang nahm.

Da war aber auch Otto Rösch, zeitweilig Innenminister und als solcher in die Geschichte des Terrorismus eingegangen. Er war im persönlichen Gespräch umgänglich, als sozialdemokratisches Regierungsmitglied aber beinhart. Man hat ihm immer wieder vorgeworfen, dass er Erzieher in der Traiskirchener NS-Kaderschule gewesen sei, in der Napola.

Rösch war Innenminister, als der berühmt-berüchtigte Terrorist Carlos (er lebt nicht mehr) mit mehreren Kumpanen im Dezember 1975 in Wien eine Sitzung der OPEC-Ölminister überfiel. Pech für die »Presse«: Die Konferenz sollte ein Kollege der Wirtschaftsredaktion beobachten. Weil es an diesem Tag nur um Routinepunkte des Programms ging, beschloss er, seinen Posten zu räumen. Eine Stunde später kam es zum Überfall. Dem Kollegen wurde trotzdem nicht gekündigt.

Die Affäre, die weltweit Aufsehen erregte, endete für die heimischen Zeitungen auf dem Flugplatz Schwechat. Man konnte beobachten, wie Rösch sich mit Handschlag von dem Gangster verabschiedete, der die Ölminister nach Nordafrika eskortierte, wo sie dann freigelassen wurden. Der Handschlag ist – ich bitte die Metapher zu entschuldigen – am österreichischen Innenminister hängen geblieben.

Ich habe sie alle persönlich gekannt, die österreichischen Verteidigungsminister. Sie waren alle den Journalisten gegenüber aufgeschlossen. Etliche von ihnen waren unzufrieden mit der Länge der Dienstzeit, alle mit dem Heeresbudget. Aber keiner stellte die allgemeine Wehrpflicht infrage. Es wäre auch nicht opportun gewesen. Alle jene, die sich noch an die Besatzungszeit erinnern konnten, hielten eine Verankerung des Heeres in der Bevölkerung für eine staatspolitische Notwendigkeit. Heute gehört auch Bundespräsident Heinz Fischer dazu. Die Diskussion wird weitergehen.

»Es stimmt – aber sagen darf man's nicht!«

Schach und Pingpong mit Karl Schleinzer

Es war am 20. Juli. Ein historisches Datum. Nein, nicht 1944. Es war der 20. Juli 1975 an einer Tankstelle in Niederösterreich. Ich wollte zahlen. Der Tankwart blickte auf und sagte: »Haben Sie schon gehört?« Ich hatte nicht gehört. Noch nicht. Was hätte ich hören sollen? »Der Schleinzer ist tödlich verunglückt.« Ich dachte an einen Scherz. Es gibt ja makabre Witze dieser Art, zumeist politischer Natur. »Nein«, sagte ich, »Erzählen Sie ihn mir.« Noch immer glaubte ich, dass der Tankwart einen Witz erzählen wollte.

Und dann kam die Ernüchterung. Es war kein Scherz. Es war bittere Wahrheit. Dr. Karl Schleinzer, Verteidigungsminister und Landwirtschaftsminister a. D., Bundesobmann der ÖVP, war am Vortag von einem Urlaub auf Rhodos wieder in Wien angekommen und hatte sich an das Steuer seines Privatwagens gesetzt, eines Ford Granada, um so schnell wie möglich wieder zu seiner Familie nach Kärnten zu kommen. Auf der »Gastarbeiterroute«, wie man sie damals nannte, stieß er bei Bruck an der Mur frontal mit einem türkischen Sattelschlepper zusammen. Dessen Lenker blieb nahezu unverletzt, Schleinzer war auf der Stelle tot.

Ich habe ihn gekannt. Gut gekannt. Ich war beinahe mit ihm befreundet. Mir kamen die Tränen. Ich war geschockt. Wie konnte dies passieren? Später überlegte ich dann. War es Sekundenschlaf? Wahrscheinlich. War es, wie dann mancherorts gemunkelt wurde, Manipulation am Auto? Schwer vorzustellen. War es gar Freitod in einem Anfall plötzlicher Depression? Ausgeschlossen, völlig ausgeschlossen.

Aber für politische Depression hätte Karl Schleinzer, der als 51-Jähriger auf einer tadellos ausgebauten Bundesstraße – die Autobahn war damals noch nicht fertig – starb, freilich Grund gehabt. Die Österreichische Volkspartei befand sich – wieder einmal, oder: so wie jetzt? – in einer Krise. Als Obmann war er zwar auf dem 16. Parteitag 1974 wiedergewählt worden, aber mit einem Prozentsatz, der in der Parteienlandschaft der Sechziger- und Siebzigerjahre des vorigen Jahrhunderts nicht gerade imponierte. Er betrug 84 Prozent, der des gleichfalls angetretenen Generalsekretärs Herbert Kohlmaier gar nur 74 Prozent.

Nationalratswahlen standen vor der Tür. Die SPÖ war 1970 von Bruno Kreisky zur Mehrheit geführt worden, 1971 sogar zur absoluten. Und gerade damals vollzog sich der Wechsel von dem kurzzeitigen ÖVP-Obmann Hermann Withalm, der 1970 Josef Klaus nachgefolgt war, zu Schleinzer. Am 8. November 1974 fand, wie ich mich erinnere, eine Fernsehdiskussion Kreisky–Schleinzer statt, die bereits die kommenden Nationalratswahlen zu einem Hauptthema hatte. Kreisky, der »Sonnenkönig«, triumphierte. Er redete den zurückhaltenden Diskussionspartner in Grund und Boden. Ich sah es, viele sahen es, und viele dachten wie ich: Armer Schleinzer! Armer ÖVP-Obmann!

War er wirklich arm? Er mag nüchtern gewesen sein. Mag hölzern gewirkt haben, war, wie die »Wiener Zeitung« in einem Porträt formulierte, *»im Fernsehen verhalten, gehemmt. Er war kein charismatischer Selbstdarsteller, kein Effekthascher. Im TV-Zeitalter, in dem die Wähler ihr Urteil über eine Persönlichkeit via Bildschirm fällen, sind diese Charaktereigenschaften nicht gerade ein Vorteil.«*

Ich habe das Gegenteil in Erinnerung – auch wenn er mir einmal erzählte, dass ihn die Last der politischen Verantwortung bisweilen nicht schlafen lasse. Schleinzer kam aus bäuerlichem Milieu, aus dem Lavanttal, studierte an der Hochschule für Bodenkultur, war aber von Anfang an politisch aktiv: zuerst als ÖVP-Abgeordneter im Kärntner Landtag, dann als Landesparteiobmann und schließlich als Mitglied der Landesregierung, für Land und Forstwirtschaft zuständig und geschäftsführend den Kärntner Bauernbund leitend.

Nach Wien übersiedelte er 1961, zuerst als Verteidigungsminister in der Regierung Alfons Gorbach. Von 1964 bis 1970 war er im Kabinett von Josef Klaus Landwirtschaftsminister.

Dann kam die Abwahl des ÖVP-Bundeskanzlers. Withalm wurde Parteiobmann, Schleinzer sein Generalsekretär. 1971 wurde er dann selbst zum Obmann gewählt.

»Er übernahm ein schweres Amt. Die ÖVP war innerlich zerstritten und hatte ihren Standort in der Opposition noch nicht gefunden. Das Gesetz des Handelns lag bei der SPÖ und ihrem Vorsitzenden Bruno Kreisky, der es meisterhaft verstand, seine Politik medienwirksam zu präsentieren. Karl Schleinzer musste den Umgang mit diesen Medien erst erlernen.«

Also schrieb die »Wiener Zeitung«.

Musste er das? Ich habe ihn anders in Erinnerung. Im Gespräch mit mir war der ÖVP-Bundesparteiobmann Karl Schleinzer offenherzig, ehrlich, sogar heiter. Zwei Mittagessen, gewissermaßen politische »Business Lunches«, sind mir besonders in Erinnerung. Einmal unterhielten wir uns über das Wahlrecht und dessen verfassungsmäßige Bestimmungen. Wir scherzten. Ist nicht die problematischste seiner Normen jene, die »gleiches Wahlrecht« vorschreibt? Dass die Stimme eines Sandlers das gleiche Gewicht hat wie die eines Universitätsprofessors? Schleinzer scherzte zurück: »Es stimmt. Aber sagen darf man's nicht!« Ein anderes Mal – wir saßen im »Bristol« – äußerte sich der Parteiobmann kritisch, um nicht zu sagen ablehnend über seinen Generalsekretär. Ich war erstaunt über die Ehrlichkeit des ÖVP-Bundesparteiobmanns einem Journalisten gegenüber. Introvertiert, gehemmt, verhalten? Vor der Fernsehkamera vielleicht, in der Debatte mit Bruno Kreisky wahrscheinlich. Aber im privaten Gespräch?

Mein Sohn Christoph, indes längst grüner Polit-Profi, nennt als eine der Wurzeln seiner politischen Ader die gelegentlichen Besuche von Politikern aller Couleurs in unserem Zweitwohnsitz im Piestingtal. Auch Karl Schleinzer war darunter. Er kam im Privatauto und brachte ein Andenken aus seiner Kärntner Heimat mit: einen »Buttermodel« aus Holz, eine Form, die einen Butterstriezel mit einem Muster verziert.

Christoph, damals Gymnasiast, forderte den Politiker heraus. Er ist ein guter Tischtennisspieler. Schleinzer war ein besserer. Er gewann in drei Sätzen. Und mir blieb nichts anderes übrig, als ebenfalls Mut zu zeigen. Wir spielten Schach. Ich hätte es nicht tun sollen. Karl Schleinzer setzte mich in vier Zügen matt.

Wir spielten nicht Schach, als meine Frau und ich dem ÖVP-Obmann in seinem Kärntner Haus in St. Oswald einen Gegenbesuch abstatteten. Wieder war Schleinzer locker, spaßig, alles andere als gehemmt. Seine Frau Gretl verwöhnte uns mit einer Torte und nach einigen Gläsern Wein legte der Hausherr eine Schallplatte auf. Es waren Kärntnerlieder, gesungen vom berühmten Grenzlandchor.

Und siehe: Karl Schleinzer musste schlucken. Fast weinte er. Kärnten ohne Gesang, und zwar ohne schönen Gesang, das ist nicht Kärnten. Da steigen sogar einem Spitzenpolitiker die Tränen auf. Mir nicht. Mir passierte dies erst, als ich von Schleinzers Tod erfuhr.

Hat man ihn zuvor noch tief gekränkt? Es ging wieder einmal um jene Eigenschaft, die alle österreichischen Parteien (und nicht nur die österreichischen) von Zeit zu Zeit und zuletzt immer öfter zu quälen scheint. Es ging um die Intrige. Wieder einmal traten parteiinterne Gegner auf, nicht offen natürlich, aber doch wirkungsvoll. Das erwähnte verhältnismäßig schlechte Wahlergebnis des letzten Parteitags schien dies zu beweisen.

Aber immerhin: die Vorbereitungen für die Nationalratswahl 1975 liefen, und sie liefen gut. Schleinzer erwähnte mir gegenüber einmal die Idee einer Dreierkoalition – SPÖ, ÖVP, FPÖ. Kreisky war dann, wie die »Wiener Zeitung« schrieb, vehement dagegen. Ich kann mich nicht mehr erinnern, ob Schleinzer den Vorschlag auch in der Fernsehdiskussion mit dem Bundeskanzler aufs Tapet gebracht hat. Aber vielleicht war dies einer der Gründe dafür, warum Kreisky seinen Debattengegner derart in Grund und Boden stampfte.

Es tut freilich gut, gelegentlich einen Blick hinter die Psyche österreichischer Politiker zu werfen. Dann wird eben doch das Menschsein offenbar. Karl Schleinzer war ganz gewiss kein Charismatiker – wer ist das schon in der Politik? Aber er war das, was relativ selten zu finden ist in der politischen Arena: Er war durch und durch ehrlich. Ein noch positiveres Urteil ist nicht zu fällen.

»Gott, welch ein Augenblick!«

Wie die Kulturszene »aufgearbeitet« wurde

Es war der 12. März 1945. Die Bombergeschwader der Amerikaner überfielen Wien – zum wievielten Mal eigentlich? Es war der Tag vor dem 13. März. Anno 1938 feierte (feierte?) man den Anschluss an Deutschland. Die Amerikaner wollten den Wienern das Datum im buchstäblichen Sinn einhämmern. Es war wie berichtet der schwerste und folgenreichste Bombenangriff des Krieges. Auch die Staatsoper, die bis dahin unversehrt gewesen war, ist schwer in Mitleidenschaft gezogen worden. Sie wurde eine Brandruine. Später kursierte in Wien das Gerücht, der Bombenschütze, der die Oper zum Ziel genommen hatte, habe sie wegen des weitläufigen stählernen Daches für den Südbahnhof gehalten. Als er erfuhr, dass er die Wiener Staatsoper, eines der berühmtesten musikalischen Zentren der Welt, zerstört habe, soll er sich umgebracht haben. Glaubten die Wiener, munkelten die Wiener. Noch immer hielten sie es für unmöglich, dass es nichts anderes war als ein nackter Terrorangriff, der nebst Universität, Burgtheater, Volkstheater und anderen Zentren des österreichischen Kulturlebens auch die Staatsoper heimgesucht hatte.

Im Hintergrund von dem allen stand nach wie vor die Meinung, Wien sei eben ein Weltkulturerbe, zu dem es erst viele Jahre später erklärt worden ist. Es war der Volksglaube, der sich von solchen Irrtümern nicht hat abbringen lassen. Karl Böhm, Direktor der Staatsoper bis zum Ende des Krieges, hielt nichts von solchem Aberglauben. Er stand auf der Straße, als die Oper, die seit dem Herbst 1944 ihren Spielbetrieb eingestellt hatte, brannte, und er war verzweifelt. Und auch ich, der ich ja schon in meiner frühen Gymnasialzeit Stehplatzbesucher gewesen war, blickte fassungslos in das Flammenmeer. Ich hatte den Bombenangriff in einem sicheren Luftschutzkeller überlebt und war auf dem Heimweg.

Mein Onkel, ein hochdekorierter Kaiserschützenoffizier des Ersten Weltkriegs, weinte, als er die rauchenden Trümmer sah. Er war nie in die Oper gegangen, aber für ihn ist trotzdem zusammen mit dem Gebälk des Gebäudes auch der Traum von der Kulturhauptstadt eingestürzt.

Einer, der auch verzweifelt vor der brennenden Oper stand, bangend und die vergeblichen Löschversuche der Feuerwehren verfolgend, war Karl Böhm, Staatsoperndirektor bis 1944. Und dann wieder ab 1950. Aber nur bis 1956. Warum so kurz? Ich will es erzählen. Vorerst aber will ich mich mit einem Begriff beschäftigen, der in der Zweiten Republik gleichsam ein Modewort geworden war: »Aufarbeiten«.

Man kann, wie ich immer wieder las, eine ganze Menge von menschlichen Problemen »aufarbeiten«. Man kann sogar die Trauer über den Verlust eines geliebten Menschen aufarbeiten. Vor allem aber kann man politische Vergangenheit – und, wenn man will, auch politischen Sünden – aufarbeiten. Die Aufarbeitung endet mitunter nicht mit einem Schuldspruch, sondern mit Verzeihung. Solches ist im Wiener Kulturleben immer wieder geschehen.

Aber lassen Sie mich zuerst die Stimmungslage der Österreicher an der Wende von der NS-Diktatur zur Freiheit evaluieren. Es ist viel darüber geschrieben, gerätselt und gewertet worden. Die Nachforschungen galten in den jüngsten Jahren der Nazivergangenheit vieler populärer Institutionen, von den Wiener Philharmonikern bis zum Fußballclub Rapid. Es gehört freilich offenbar auch zum Nationalcharakter der Österreicher, dass sie leichtfertig sind im Pardonieren. Vor allem im Kulturleben hat man sehr schnell ein Auge zugedrückt.

Auch in den Schulen. Ich habe die ersten zwei Gymnasialklassen während der NS-Zeit verbracht, als wir zu Führers Geburtstag im Schulhof das Deutschlandlied sangen. Nach Kriegsende sind die Professoren damals aus der Pension zurückgeholt worden, weil die anderen entweder im Krieg gefallen oder politisch belastet waren. Der Geschichtsunterricht endete beim Ersten Weltkrieg. An die Jahre vor 1938 konnten wir uns nicht erinnern und von dem, was nachher geschah, hatten wir keine Ahnung.

Nicht nur wir, die schulpflichtigen Kinder. In überzeugender Ehrlichkeit hat es Heinz Fischer in seinem Memoirenband »Reflexionen« geschildert:

»Dass Juden verfolgt wurden, verhaftet wurden, zur Emigration gezwungen oder einfach zusammengetrieben und verfrachtet wurden, wussten meine Eltern, weil man das in Wien beobachten konnte und weil ihnen manche jüdische Mitbürger Gegenstände zur Aufbewahrung ›bis später‹ übergaben oder um die Weiterleitung von Botschaften und Mitteilungen ersuchten. Sie wussten aber nicht – und mein Vater hat mir das bis heute immer wieder bestätigt –, wie es in den Konzentrationslagern tatsächlich zuging, wie mit den Juden in Polen oder in Orten mit größerer jüdischer Bevölkerung umgegangen wurde. Sie wussten damals auch vieles andere nicht, obwohl das, was sie wussten, ausreichte, um dem NS-Regime mit Entsetzen gegenüberzustehen.«

Dann kam die Ernüchterung. Wir sahen den Film »Todesmühlen«, nach der Befreiung der Konzentrationslager von alliierten Kameraleuten gedreht: Leichenberge – und die ausgemergelten Gestalten von Überlebenden. Wenn je Dreizehnjährige erschüttert waren: Wir sind es gewesen.

Ist das Verzeihen ein Teil des österreichischen Nationalcharakters – oder was man als solchen bezeichnen kann? Tout comprendre c'est tout pardonner? Galt dies bedingungslos auch für die Kulturbelange der Nachkriegszeit? Von Anfang an habe ich das Theater geliebt. Im »Akademischen Gymnasium« war ich Schulreferent des »Theaters der Jugend« zu einer Zeit, da alle Bühnen Wiens geschlossene Repertoirevorstellungen für die Schulen im Spielplan hatten. Die Bühnen Wiens waren gleichsam »offene Häuser« für mich.

Und ich sah sie wieder, die politisch schwankenden Gestalten, die ich bereits vor 1945 gesehen hatte – nicht nur auf der Bühne. Werner Krauß, der im Nazi-Propagandafilm »Jud Süß« eine Schlüsselrolle gespielt hatte, ist in der Zweiten Republik sogar mit dem Iffland-Ring ausgezeichnet worden. Ich saß im Zuschauerraum des Burgtheaters, als er, der gefeierte Altstar, seinen allerletzten Auftritt hatte. Er spielte den König Lear. In der Pause erlitt er einen Schwächeanfall. Trotzdem betrat er noch einmal die Bühne. Aber er trug nicht, wie es im Stück sein sollte, die tote Cordelia auf den Armen. Sie lag vor ihm, als der Vorhang aufging – er konnte sie nicht mehr heben.

Werner Krauß hat dann nie mehr gespielt. Nach seinem Tod wurde er, wie es bei allen berühmten Burgschauspielern Brauch ist, um das Theater getragen, bevor er seinen letzten Weg auf den Friedhof antrat.

Auch Will Quadflieg, maßgeblich in einem ähnlichen Streifen aufgetreten, war später ein gefeierter Bühnenstar. Paula Wessely und Attila Hörbiger sind ebenfalls vom NS-Regime an prominenter Stelle eingesetzt worden, wie nahezu alle anderen Schauspieler und Schauspielerinnen deutscher Zunge.

Gewiss, Werner Krauß hatte eine Zeit lang Auftrittsverbot. Fred Hennings, gleichfalls bekannter Burgmime, musste sich zwangsweise an Aufräumungsarbeiten beteiligen. Auch bei vielen anderen Stars von der Bühne und aus Film und Fernsehen hat man später braune Flecken entdeckt. Aber sie sind nicht aufgefallen. Man hat sie übersehen. Die Frage, inwieweit etwa die deutschen Filmkomiker der Kriegszeit durch ihr Auftreten die Bevölkerung von der Angst befreien sollten – was sie auch vielfach getan haben –, ist nicht gestellt worden. Offenbar sollten sie die »Heimatfront« mit Spaßinjektionen verstärken, was ihnen auch gelang. Ein kritisches Stück über den österreichischen »Nationalkomiker« Hans Moser, vor nicht allzu langer Zeit im Theater in der Josefstadt gespielt, wurde ein veritabler Flop.

Ich habe später viele von diesen Bühnenstars interviewt. Immer wieder ist mir dabei klar geworden, dass gerade hierzulande die Politik zwei Seiten hat. Da ist die eine, die objektive Schuld, und sei es nur die des Mitläufertums. Und da ist die zweite Seite, die der Volksmeinung: Wer ein Nazi ist, bestimmen wir.

Es hat viel zu bestimmen gegeben in den Jahren nach 1945. Und es war auch viel zu pardonieren, viel zu verzeihen. Lieblinge des Theater- und Musiklebens, die in der NS-Zeit als Ikonen gegolten haben, sind es mit kurzen Unterbrechungen nachher wieder geworden, und umso mehr. Der erwähnte Max Mell, dessen Schauspiel »Der Nibelungen Not« ich als Gymnasiast noch in der Nazizeit im Burgtheater gesehen habe, hat nach Kriegsende mit seinem »Apostelspiel« unzählige Laienbühnen erobert. Ich spielte im Dominikanerkloster in diesem Stück den Petrus.

Hans Pfitzner ist heute sakrosankt, Karl Orffs »Carmina Burana« sind, wenngleich selten aufgeführt, immer wieder Kassenmagnete, und Franz Schmidts »Buch mit den sieben Siegeln« ist ein Höhepunkt geistlicher Musik. Alle waren sie nur kurze Zeit verfemt in der Zweiten Republik und geben sich nun im Himmel engelsgleich ein Stelldichein, nachdem ihre Kleider von den braunen Flecken gereinigt worden waren.

Doch zurück zu Karl Böhm, dem weltberühmten Dirigenten. 1943 wurde er Direktor der Wiener Staatsoper. Sie hat, der aktuellen Ideologie entsprechend, ein Schwergewicht auf Richard Wagner gelegt. Als Elfjähriger habe ich einmal »Parsifal« durchlitten – stundenlanges Anstellen für die Stehplatzkarten, dann sechs Stunden Oper. Es hinderte mich nicht, einmal den gefeierten Tenor Max Lorenz in seiner Wohnung in der Mahlerstraße heimzusuchen und um ein Autogramm zu bitten.

Karl Böhm war als Dirigent ein Nationalsozialist reinsten Wassers. Bereits am 30. März 1938 dirigierte er die Wiener Symphoniker, ließ zu Beginn das Horst-Wessel-Lied spielen und begrüßte das Publikum mit dem Hitlergruß. Wegen seiner politischen Vergangenheit haben die Alliierten ihn nach 1945 mit einem Auftrittsverbot »bestraft«. Es währte nicht lange. 1954 wurde Karl Böhm abermals Staatsoperndirektor in Wien. Und er konnte im November 1955 den Schlüssel der wiederaufgebauten Oper entgegennehmen.

Ich war damals Lokalredakteur der »Presse«. Fast jede Woche konnte ich über Baufortschritte schreiben, mich über die Logentapezierung informieren, auch erfahren, wie der neue »eiserne Vorhang« gestaltet werden sollte: von Rudolf Eisenmenger, dem berühmten österreichischen Maler, der freilich ebenfalls die erwähnten »braunen Flecken« trug. Bereits vor 1938 ist er in Wien geehrt worden, seine Werke wurden in Europa und Übersee ausgestellt und angeblich hat ihn auch Adolf Hitler sehr geschätzt. Wegen der politischen Vergangenheit seines Schöpfers ist der Eisenmenger-Vorhang später stark kritisiert worden, besonders vom Operndirektor Joan Holender.

Beim Festakt der Wiedereröffnung erlebte ich dann den Zuschauerraum der Oper, den ich vor seiner Zerstörung zum ersten Mal gesehen hatte, in seiner neuen Form. Und ich erlebte, wie Heinrich Drimmel, Unterrichtsminister der Republik und auch für die Bundestheater zuständig, auf offener Bühne und vor dem vollzähligen Ensemble dem neuen alten Direktor symbolisch den Schlüssel des Opernhauses überreichte. Es folgte ein Satz, der besser als alle Reden die Atmosphäre dieses Vormittags ausdrückte: »Gott, welch ein Augenblick!«, sagte Böhm mit tränenerstickter Stimme. In der Eröffnungsvorstellung des »Fidelio«, die er dann dirigierte, sagt dies Leonore nach der Befreiung ihres Gatten. »Gott, welch ein Augenblick!«

Ich dachte an diese Szene, als ich ein Jahr später am selben Ort erlebte, wie Karl Böhm, als er – eben aus Übersee kommend ans Dirigentenpult trat und von einem tosenden Pfeifkonzert »begrüßt« wurde. Chefredakteur Milan Dubrović, mit dem Wiener Kulturleben eng verbunden, hatte das Ereignis geahnt: »Heute Abend wird etwas passieren! Gehen Sie hin und schauen Sie sich das an!«, sagte er. Ich ergatterte eine Karte. Und ich erfuhr, wie in Wien ein Direktor eliminiert wurde.

Die Opernliebhaber waren erbittert, weil Böhm ihrer Meinung nach zu viel im Ausland dirigierte und zu wenig an der Stätte seines Wirkens war. Wieder einmal war es so weit, wieder einmal Crucifige nach dem Hosianna. Nach dem Jubel kam das vernichtende Popularitätstief, nicht aus politischen, sondern aus rein künstlerischen Gründen. Böhm trat zurück, Karajan kam.

Auch Karajan war kein unbeschriebenes politisches Blatt. Er war sogar ein »Illegaler«, wie die Forschung behauptet. Er ist bereits 1933 in die NSDAP eingetreten. In Deutschland hat er seine ersten musikalischen Sporen erworben, wurde als »Wunder Karajan« bezeichnet, Hitler verlieh ihm den Titel »Staatskapellmeister«. Aber als er in der Berliner Staatsoper am 2. Juni 1939, auswendig die »Meistersinger von Nürnberg« dirigierend, einen falschen Einsatz gegeben haben soll, worauf der Vorhang fiel und die Vorstellung, wie es heißt, unterbrochen werden musste, verlor er die Protektion des »Führers«. Trotzdem konnte er bis knapp vor Kriegsende weiter in Deutschland auftreten.

In Österreich erhielt er zuerst ein Berufsverbot, war aber bald wieder am Pult – und ab 1957 bis 1964 Wiener Staatsoperndirektor. Wieder praktizierten die Wiener, was ihnen oft vorgeworfen wird: dass alles verstehen bedeute, alles zu verzeihen. Karajan war bis zu seinem Tod 1989 gefeiert wie Leonard Bernstein. Und vor ihm Karl Böhm. Ein interessantes Trio, fürwahr. Noch einmal: Wer ein Nazi war, bestimmen wir.

Genau hier zeigt sich diese andere, die zweite Seite der Politik. Sie scheint die offizielle zu sein. Sie hat sich vor allem in den letzten Jahren breitgemacht. Es ist Teil der veröffentlichten Meinung, dass nicht sein kann, was nicht sein darf – wobei auch der Begriff »dürfen« ein vielfältiger ist. Bis vor wenigen Jahren ist im Burgtheater am Nationalfeiertag Franz Theodor Csokors »3. November 1918« gespielt worden, ein beklemmendes Schauspiel über den Untergang der Monarchie. Es ist längst aus der Erinnerung und wahrscheinlich auch aus den Schulbüchern verschwunden.

Denn die österreichische Geschichte beginnt in der Meinung vieler Heutiger 1918, bestenfalls in den letzten Jahren der Agonie des Kaiserreiches. Für das Museum, das diese Geschichte zeigen soll, ist – vorläufig zumindest – kein Geld vorhanden. Dafür erntete Thomas Bernhards »Heldenplatz« anfangs wilde Proteste, gilt heute jedoch als eines seiner Meisterwerke.

In der Tat: Wer hinter die Kulissen der österreichischen Politik blickt, sieht sich zwangsläufig auch mit der österreichischen Nationaleigenschaft konfrontiert, die eine doppelte ist. Ich habe sie immer wieder zitiert: Das Volk der Tänzer und der Geiger kann, wenn es sein muss, die Tänze stoppen und die Geige ablegen. Nur tut es dies nicht gerne.

»Irgendwann einmal werden Sie wissen, warum.«

Die Karriere des Alois Mock

Das Licht brannte schon lange vor Sonnenaufgang. Es brannte bis tief in die Nacht. Kein anderes der Fenster in dem alten Palais am Minoritenplatz war beleuchtet – weder am frühen Morgen noch am späten Abend.

Ein Einsamer arbeitete durch – sofern man ihn ließ. Sofern er nicht andere Termine wahrzunehmen hatte.

Der Einsame war Dr. Alois Mock. Von 1969 bis 1970 war er Unterrichtsminister, der jüngste seit dem Krieg. Bundeskanzler Klaus hatte ihn in seiner Regierung zum Minister gemacht, ein Jüngling für damalige Begriffe, ein »Grünschnabel«, wie wir, die Journalisten in den Printmedien, damals dachten. Dass in einem anderen ÖVP-Team rund vier Jahrzehnte später ein noch Jüngerer in den Kreis der Spitzenpolitiker aufsteigen sollte, wenngleich auch nicht als Minister, sondern als Staatssekretär, hat damals keiner geahnt.

Die Ernennung von Alois Mock war in doppelter Hinsicht eine Überraschung. Klaus hatte einen seiner Sekretäre aufrücken lassen. Das war etwas Neues. 1966, als die ÖVP zum zweiten Mal nach 1945 die absolute Mehrheit errang, wurde er Kabinettchef des Bundeskanzlers. Er brachte alle jene Eigenschaften mit, die ein Josef Klaus schätzte. Friedrich Weißensteiner hat es seinerzeit in der »Wiener Zeitung« so formuliert:

»In Seitenstetten, wo er 1952 maturierte, erfuhr Alois Mock seine geistige und charakterliche Prägung: Gläubigkeit, eine christlich-asketische Lebensführung, Fleiß, Disziplin, Strenge gegen sich selbst.«

Die zweite Überraschung war, dass Mock, der Junge, jenen Platz einnahm, auf dem vor ihm ein Alter gesessen war: Theodor Piffl-Perčević. Ein Herr in der Politik, die ansonsten meist von Männern gestaltet wird. Einer, der aus eigenem Antrieb zurücktrat, weil er mit dem, was rund um ihn geschah, nicht mehr einverstanden war.

Unterrichtsminister Piffl-Perčević war ein Politiker alter Schule. Das zeigte sich bereits in seiner Unterschrift. Das Wort »Piffl« schrieb er in Kurrent, den zweiten Teil seines Namens, also »Perčević«, weil nicht Deutsch, in lateinischer Schrift. Piffl war genau. Er meinte, dass die Fülle des Wissensstoffs ein dreizehntes Schuljahr, demnach ein neuntes Mittelschuljahr, notwendig machte. Das Volk war dagegen, zwei Abstimmungen sprachen sich für die Beibehaltung der alten Schulform und gleichzeitig für eine Kürzung der täglichen Arbeitszeit aus.

Für Piffl war dies zu viel, und er ging. Es war meiner Erinnerung nach der zweite freiwillige, aus – wenn man will – Gewissensgründen erfolgte politische Rücktritt eines Regierungsmitglieds. Vor ihm hatte Josef Klaus, damals Finanzminister, denselben Weg gewählt, weil er mit einem Budget nicht einverstanden war.

Der junge Mann folgte dem alten Herrn. Er war jung, in der Tat. Das Licht in seinem Büro brannte also immer schon im Morgengrauen – zu meinem Leidwesen, wie ich nachher immer wieder erzählte.

Ich wollte einmal Näheres zu irgendeinem Lehrplan erfahren – was genau, weiß ich nicht mehr. Ich erinnere mich daran, dass ich vom Büro Mock zwar schnell einen Termin bekam, aber er war für mich zu schnell. »Kommen Sie um sieben Uhr früh, da hat der Herr Minister am ehesten Zeit«, hieß es. Ich kam kurz nach Sonnenaufgang, was für einen Journalisten fast einer Todesstrafe gleicht. Ich weiß nicht mehr, was ich den Unterrichtsminister damals gefragt habe. Ich weiß nur, dass ich zumindest in einem Punkt positiv überrascht war: dass es knapp vor sieben Uhr früh auf dem Minoritenplatz so viele freie Parkplätze gab.

Zu einem zweiten Interview mit Unterrichtsminister Mock kam es dann nicht mehr. Er blieb es ja nur bis 1970. Dann kehrten die Nationalratswahlen das Unterste zuoberst. Klaus, der vorher erklärt hatte, mit den Freiheitlichen nicht koalieren zu wollen, verlor die Mehrheit – auch die relative. Er trat zurück und Bruno Kreisky wurde Bundeskanzler.

Mock, der Kurzzeitminister. Mock, der Kurzzeitbürgermeister, nach seinem Ausscheiden aus dem Ministerium vorübergehend in seinem Geburtsort Euratsfeld in Niederösterreich. Mock, der ÖAAB-Obmann. Mock, der ÖVP-Klubobmann im Parlament. Er hat damals in einer Kampfabstimmung gegen den Wirtschaftsbündler Robert Graf gesiegt. Und er blieb Führerreserve seiner Partei.

Als Parteiobmann ist Klaus von seinem Generalsekretär Hermann Withalm abgelöst worden, den wiederum Karl Schleinzer beerbte. Nach dessen Tod wurde Josef Taus Parteiobmann und 1979 übernahm Mock dieses Amt.

Der Parteitag in der Wiener Stadthalle war für mich eines der Schlüsselerlebnisse meiner journalistischen Karriere. Er ließ mich in die Tiefe politischer Seele blicken – und es war nicht nur jene der Volkspartei. Immer wieder habe ich es gesehen und auch geschrieben: das Crucifige, das dem Hosianna folgt. Einer, der wusste, wovon er sprach, der seinerzeitige Nationalratspräsident Alfred Maleta, hat es mir damals als Erster erläutert. Es sei in seiner Partei üblich, Menschen, denen das Glück abhanden gekommen ist, davonzujagen und ihnen gleichzeitig tosenden Beifall zu spenden. Dass solches nicht nur in der ÖVP gang und gäbe ist, weiß ich.

Jedenfalls ist es bei Josef Taus der Fall gewesen. Er hat in einer Fernsehdiskussion mit Bruno Kreisky so augenfällig den Kürzeren gezogen, dass viele dies als ausschlaggebend für den gewaltigen Sieg der SPÖ bei den Nationalratswahlen 1979 betrachteten. Die Sozialdemokraten kassierten den höchsten Stimmenanteil seit 1945 – und Josef Taus wurde folgerichtig beim ÖVP-Parteitag abgewählt. Begleitet von Dankesreden und unter tosendem Beifall, wie gehabt.

Und während der neue Parteiobmann Alois Mock unter frenetischem Jubel seiner Freunde installiert wurde, wanderte Taus mutterseelenallein über den Parkplatz zu seinem Auto. Hat er sich hinausgestohlen? Ich jedenfalls ging ihm nach und begleitete ihn ein Stück. Nie noch hat mich dieses Crucifige menschlich so bedrückt wie am Abend dieses 7. Juli 1979.

Dann: Mock, der Vizekanzler. Mock, der Außenminister. Vor allem aber: Mock, der Europäer. Er kann sich den Beitritt seines Landes zur Europäischen Union auf jene Fahne heften, die zwölf goldene Sterne auf blauem Grund zeigt. Dass die damalige SP-Staatssekretärin Brigitte Ederer nach der Unterzeichnung des Vertrags in einer verständlichen Gefühlsaufwallung von ihm geküsst wurde – was diese überrascht zur Kenntnis nahm –, war die herzliche und gleichzeitig parteiübergreifende Geste eines Mannes, der damals schon von schwerer Krankheit gezeichnet war.

Gezeichnet? Ich erinnere mich an ein Mittagessen, zu dem mich Alois Mock in ein Ringstraßenhotel geladen hatte. Wir sind etliche Male bei solchen Gelegenheiten zusammengetroffen, meist zu zweit – ohne Zuhörer und zu Gesprächen »off the record«. Bei einem dieser Treffen – es war vor der Volksabstimmung über das Nuklearkraftwerk Zwentendorf – wollte ich wissen, warum die ÖVP sich nicht inhaltlich und vehement voll hinter die heimischen Atompläne stelle. Knapp davor hatte Kreisky, auf seine Popularität pochend, bei einem negativen Ausgang der Abstimmung seinen Rücktritt in Aussicht gestellt – eine Erklärung, die ich damals für einen Fehler hielt.

Sie war Grund genug für den ÖVP-Obmann, seine Partei vor einer allzu enthusiastischen Stimmungsmache pro Zwentendorf zu warnen.

Mock erläuterte mir dies klipp und klar und sagte, er sei im Grunde für Zwentendorf, aber gegen Bruno Kreisky. Die Volksabstimmung ist dann auch ganz knapp ausgegangen: rund 50,5 Prozent gegen, 49,5 Prozent für das Kraftwerk.

Es gab ein weiteres Mittagessen. In der Retrospektive war es fast tragisch, jedenfalls, wie es mir heute scheint, für Alois Mock und vielleicht auch für Österreich. Es war nach dem Tod des Bundespräsidenten Franz Jonas, der wie schon Adolf Schärf vor ihm während seiner zweiten Amtsperiode starb.

Zwischenbemerkung: Alois Mock wurde nie Bundespräsident. Er hätte, meinten viele, die Fähigkeit dazu gehabt. Was viele aber nicht wussten, war … Aber das will ich gerade erzählen …

Wir saßen im Restaurant des Hotels Plaza am Schottenring. Nach etlichem politischem Geplauder kam die Rede auf die Personen, die nach dem Ableben des amtierenden Präsidenten von den Parteien als Kandidaten nominiert werden könnten. Ich fragte unverblümt: »Und Sie – warum soll die ÖVP nicht Sie als nächsten Bundespräsidenten vorschlagen?«

Daraufhin wurde Mock, den ich sonst als durchaus extrovertierten, absolut nicht verklemmten, gelegentlich sogar humorvollen Politiker kennengelernt hatte, plötzlich sehr ernst. »Das kommt für mich nicht infrage!«, sagte er. »Ich kann und will es nicht werden. Irgendwann einmal werden Sie wissen, warum.«

Ich war verblüfft, dachte an irgendwelche politischen Gründe und fragte nicht weiter. Ich hätte damals auch ganz sicher keine ehrliche Antwort bekommen, wie sich Jahre später herausstellte. Die Wahrheit nämlich war, dass Alois Mock offenbar bereits wusste, was die Öffentlichkeit erst viel später erfuhr und auch sah: dass er an der Parkinsonschen Krankheit litt. Vorläufig merkte man nichts davon und auch ich ahnte es nicht.

Man hätte es freilich sehen können, als der Parteiobmann am Abend seiner letzten Wahlniederlage 1986 starr und bleich neben dem Sieger, dem SP-Obmann und Bundeskanzler Franz Vranitzky, stand. Die Meinungsforscher hatten der ÖVP diesmal einen fast sicheren Sieg vorausgesagt, Mock hatte ihnen geglaubt. Doch dann ging es 80:77 für die SPÖ aus. Mock war fassungslos, und das sah man ihm an. Hat die Niederlage seine Krankheit erst richtig zum Ausbruch gebracht?

Noch immer ahnte man nichts von seinem Leiden. Er wurde Vizekanzler und Außenminister, nachdem Vranitzky als Nachfolger von Fred Sinowatz die damalige Koalition mit den Freiheitlichen beendet hatte und die ÖVP der neue Koalitionspartner in der Regierung geworden war.

In der Tat: Mock, der Europäer. Die nächsten Jahre brachten Höhepunkte in seinem Leben. Er durchschnitt als österreichischer Außenminister zusammen mit seinem ungarischen Kollegen Gyula Horn den Stacheldraht am Grenzzaun bei Sopron. Wieder ein österreichisches Foto, das um die Welt ging! Zugegeben: Es war nachgestellt. Die Szene hatte sich nicht so exakt kameragerecht abgespielt, wie sie nachher gezeigt worden war. Aber immerhin: Es war der Beweis einer jener welthistorischen Umwälzungen, die Europa in diesen Wendejahren erfasst hatten.

Und noch einmal: Mock, der Europäer. Dass mehr als zwei Drittel der Österreicher in einer Volksabstimmung den EU-Beitritt ihres Landes bejahten, war einer der größten Triumphe seiner Laufbahn.

Die Krankheit jedoch konnte Mock nicht besiegen – lediglich ihre Symptome ließen sich dämmen. Sie sind nachher umso heftiger ausgebrochen. 1995 trat Mock von allen Ämtern zurück. Ich traf ihn im Festsaal der Alma Mater Rudolphina wieder, als zehn Juristen, die fünfzig Jahre früher zu Doktoren der Rechtswissenschaften promoviert worden waren, das Goldene Diplom überreicht wurde. Mock war einer von ihnen – und ich auch. Der ehemalige Vizekanzler und Außenminister hätte die Dankansprache halten sollen, seine Frau Edith bat mich am Telefon, ihn zu vertreten – er werde zwar kommen, aber aus verständlichen Gründen nicht sprechen. Da auch einer der Mitjubilanten mich darum ersuchte, hielt ich tatsächlich – ausgerechnet ich, der Journalist, der als Einziger keinen »juristischen« Beruf hatte – die Dankesrede.

Anschließend saßen wir kurz beieinander. Mock war sichtlich überanstrengt. Er sprach und sprach – und man verstand kein Wort.

Er sprach nicht, als in einer der Parlamentsräumlichkeiten sein

75. Geburtstag gefeiert wurde. Alle waren sie da, die Mitstreiter der Mock-Jahre. Man hatte eine riesige Kopie des berühmten Stacheldraht-Fotos, fast einer Ikone gleich, an der Stirnwand aufgestellt. Alois Mock durfte das Bild gestützt von zwei Helfern enthüllen. Man sah, wie er sich freute. Er hatte allen Grund dazu.

Leopold Figl: »Österreich ist frei!«

Julius Raab: »Wo i sitz, is oben!«

Franz Olah: als Innenminister nicht unumstritten

Helmut Zilk, Wiens populärster Bürgermeister
Leopold Gratz mit seinem Vorgänger

Bundespräsidenten: Kurt Waldheim und
Rudolf Kirchschläger (im Gespräch mit dem Autor)

Josef Klaus: Er schätzte die Macht

Alois Mock, der Europäer

Handschlag trotz Kontroversen: Franz Kardinal König und Bruno Kreisky

Eine Instanz: Franz Kardinal König

Eigentlich Gegner: Bruno Kreisky und Leopold Figl
Der Sonnenkönig: Bruno Kreisky

Ein Zeitzeuge: Fritz Molden

Thomas Klestil im Gespräch mit dem Autor und dessen Frau

Für die Anliegen der Frau: Johanna Dohnal

Gegen die österreichische Selbstverzwergung:
Wolfgang Schüssel

Franz Vranitzky: Sozialdemokrat
im Nadelstreif

Odnete die politische Landschaft neu: Jörg Haider

ORF-Legende: Gerd Bacher

Franz Vranitzky mit dem Autor

Medienmacher unter sich:
Thomas Chorherr und Hans Dichand

Wie die Macht schmeckt – und nachher

Als Josef Klaus Abschied nahm

Im Pensionistenheim hieß er nur der »Herr Bundeskanzler«. Er hat keinen Wert darauf gelegt, aber es ist Brauch bei uns.

Fritz Bock, Vizekanzler a. D., hat es mir einst eingeschärft. Man spreche jeden Amtsträger mit dem höchsten Titel an, den er in seinem Leben getragen habe, sagte er, auch wenn der oder die Betreffende längst »außer Dienst« ist oder »in Ruhe«.

In der Tat: Es gab einen bekannten Rechtsanwalt, der in der letzten Regierung Schuschnigg kurze Zeit hindurch Minister war. Er legte bis weit in die 1960er-Jahre hinein Wert darauf, mit »Herr Minister« angeredet zu werden. Ich habe es getan.

Der Herr Bundeskanzler, von dem die Rede ist, war wirklich einer. Er hat sogar einer ganzen Ära seinen Namen gegeben: Dr. Josef Klaus. Am 25. Juli 2001 ist er gestorben, nachdem er die letzte Zeit in diesem Heim in Döbling verbracht hatte. Ich habe ihn dort besucht, zusammen mit Otto Schulmeister, meinem Vorgänger als »Presse«-Chefredakteur. Schulmeister und Klaus waren seit vielen Jahren miteinander befreundet; Klaus hätte den »Presse«-Chef in der Endphase der ÖVP-Alleinregierung, wie er in seinen Memoiren schrieb, »als den idealen österreichischen Unterrichtsminister gerne gesehen«.

Ich persönlich bin ihm erst als Chefredakteur nahe gekommen. Er hat mir dann, als er schon »a. D.« war, von jeder Urlaubsreise Ansichtskarten geschickt, vollgeschrieben mit Kurrentbuchstaben. Er hat sich stets gemeldet, wenn ihm einer meiner Artikel gut gefallen hatte. Das hat mich gewundert, denn Klaus war keiner, der mit den Medien auf Du und Du stand.

Dies erfuhr ich, als er im Fasching 1970 mit einigen anderen Regierungsmitgliedern das Fest der Auslandspresse besuchte. Es war, wie ich mich zu erinnern glaube, das letzte Mal, dass die Wiener Medien, also Zeitungen und ORF, gemeinsam mit den Auslandskorrespondenten eine Faschingsfête veranstalteten. Sie hatte sonst im Concordia-Haus in der Bankgasse stattgefunden, dieses Mal stieg sie im Parkhotel Schönbrunn in Hietzing. Es war kurz vor den Nationalratswahlen und natürlich ging es bei den Gesprächen fast nur um die Aussichten der ÖVP, die seit 1966 die absolute Mehrheit besaß.

Josef Klaus, der Bundeskanzler, war durchaus optimistisch. Wenn nicht mit der »absoluten«, so rechnete er doch sicher mit der relativen Mehrheit. Sein Lachen war, wenn man es so nennen darf, zwar ein zögerndes, aber er versuchte Heiterkeit zu versprühen. Nein, mit den Freiheitlichen unter Friedrich Peter werde er nicht koalieren, nie und nimmer, sagte er. Es werde auch ganz gewiss keine Notwendigkeit geben, und wenn, dann gebe es noch immer die SPÖ unter Bruno Kreisky. Aber nochmals, er sei fest davon überzeugt, dass seine ÖVP wieder Mehrheitspartei sein werde.

Sein Optimismus löste sich am Abend des 1. März 1970 in nichts auf.

»Wir waren geschlagen und bitter enttäuscht – aber wir waren nicht hoffnungslos niedergeschlagen«, bekannte Josef Klaus nachher.

»So nahmen wir das Wahlergebnis in demokratischer Gesinnung zur Kenntnis. Aus Treue zu unseren Wählern und zehntausend Mitarbeitern und aus der Verpflichtung unseren Gründervätern und Vorgängern gegenüber bewegte uns in diesen Augenblicken ein unerschütterliches ›Jetzt erst recht!‹; die Verantwortung für Österreich nicht aufzugeben, vielmehr alles daran zu setzen, dass unser Land weiterhin seiner demokratischen, europäischen und christlichen Bestimmung erhalten bleibt. Unser Feind Nummer 1 war nun ein drohendes ›sozialistisches Österreich‹.«

Im Fasching 1966 war alles noch ganz anders gewesen. Damals hatte sich die SPÖ mit großen Problemen herumzuschlagen. Es gab die Krise um Franz Olah, in Vorarlberg ist der SP-Verkehrsminister Probst von einer erbitterten Menschenmenge regelrecht in die Flucht geschlagen worden, weil »das Volk« verhindern wollte, dass ein neu gebautes Bodenseeschiff auf den Namen »Theodor Körner« getauft werden sollte (es hieß dann »Vorarlberg«). Die SPÖ sah sich gezwungen, sich, wie es auf Neudeutsch heißt, »neu aufzustellen«. In einer Kampfabstimmung wählte der Parteitag einen neuen Obmann: Bruno Kreisky.

Das Wahlergebnis 1966 hatte freilich bei der ÖVP den Kamm schwellen lassen. Absolute Mehrheit – das gab es, wie gesagt, erst einmal, und zwar am 25. November 1945, in der allerersten Besatzungszeit. Die Volksparteifunktionäre waren so übermütig, dass sie verkündeten, was am 1. Mai 1970 bei der sozialistischen Demonstration in Wien gerufen werden würde: »Sozialisten ins Parlament!«

Vor den Wahlen hatten es allerdings auch die SP-Genossen an Übermut nicht fehlen lassen. Sie ließen in den Redaktionen eine Ministerliste kursieren, die in einer etwaigen ÖVP-Alleinregierung realisiert werden sollte. Als Unterrichtsminister war darauf der Wirtschaftsprofessor Taras Borodajkewycz vertreten, gegen den demonstriert worden war, weil er in Vorlesungen an der Hochschule für Welthandel NS-Gedankengut vertreten hatte. Als Sozialminister schien der Industriellenchef Manfred Mautner Markhof auf. Und als Justizminister wurde Hans Klecatsky genannt, der als Schriftführer des Verwaltungsgerichtshofs die Verzichtserklärung des Kaisersohns Otto als ausreichend bezeichnet hatte – sehr zur Erbitterung der roten Reichshälfte. Spaß am Rande: Eine Woche nach der Wahl traf ich Klecatsky in Südtirol und erzählte ihm lachend, auf welch abstruse Ideen die sozialistische Wahlpropaganda gekommen sei – er sei doch tatsächlich (hihi!) als Justizminister genannt! Zwei Wochen später war er es.

Und am 1. März 1970 ist die SPÖ unter Bruno Kreisky hart an der »Absoluten« vorbeigeschrammt. Sie erhielt zwei Mandate mehr als die ÖVP. Josef Klaus machte seine Ankündigung wahr. Er trat zurück – zuerst als Bundeskanzler, dann als Parteiobmann, schließlich auch als Nationalratsabgeordneter. Wer es vermag, habe, sobald seine Stunde schlägt, mit Anstand und ohne Schmerz von der Macht Abschied zu nehmen, schrieb Klaus nachher.

»Auch ich habe diese sehr alten und sehr österreichischen Regeln erfahren und mich ihnen gebeugt.«

Von der Macht Abschied nehmen. »Macht und Ohnmacht in Österreich« nannte Klaus seine Memoiren, die 1971 bei Molden erschienen sind. Das Wort »Macht« zieht sich als roter Faden durch dieses Buch. Da ist das »Machtwort«, das in der Politik gesprochen werden muss, wenngleich es »stets eine riskante Sache ist«. Da ist die »umfassende Machtfülle«, die der ÖVP-Bundesparteiobmann laut Parteistatut hat. Da ist die »Hausmacht«, die er haben muss, gespeist von den Bünden, wie Klaus offen bekannte. Der Bundeskanzler wieder sei laut Verfassung der mächtigste Mann im Staat. Dennoch:

»Als ich 1970 alle Funktionen zurückgelegt hatte und aus dem aktiven politischen Leben geschieden war, war man ziemlich allgemein der Meinung, dass ich kein persönliches Verhältnis zu Macht hätte. Das stimmt. Dabei hatte es mir an Machtpositionen und Machthebeln nicht gefehlt.«

Das stimmt tatsächlich. Klaus war Landeshauptmann von Salzburg, Finanzminister, Bundeskanzler. Er mag kein persönliches Verhältnis zur Macht gehabt haben – aber warum schrieb er dann so viel davon? Warum nennt er eines der Kapitel seiner Memoiren »Der Macht mit Macht begegnen«?

Von der politischen Macht sei jene der Medien nicht zu trennen, sagte mir Josef Klaus einmal. Es scheint freilich, dass er den Wert der Öffentlichkeitsarbeit erst im Laufe seiner Karriere nach und nach erkannt hat. Klaus war kein Mann des Small Talks mit Journalisten. Kein Mann der Pressekonferenzen. Er hat jeden zweiten Sonntag eine Radioansprache gehalten, gab aber selbst zu, dass sie relativ wenig Zuhörer gehabt habe. Vielleicht ist diese teilweise Introvertiertheit eine der Ursachen seiner Wahlniederlage von 1970. Als seine Memoiren am 23. September 1971 im Presseclub Concordia vorgestellt wurden, bat ich, damals Ressortchef der »Presse«-Innenpolitik, ihn, mir eine Widmung in das Buch zu schreiben. Josef Klaus dachte lange nach. Dann schrieb er: »Thomas Chorherr zur freundlichen Erinnerung an die Pressekonferenz vom 23. 9. 71. Josef Klaus«. Mehr war damals – ich wiederhole: damals – nicht zu bekommen.

Aber ich habe ihn nicht erst geschätzt, als er mir seine Urlaubskarten schrieb. Josef Klaus hat mir aus vielen Gründen imponiert. Nicht zuletzt, weil er erhobenen Hauptes abgetreten ist. Nach der Wahlniederlage hat er mit seiner Regierung, wie oft in den letzten vier Jahren, noch einen Gottesdienst in der Hauskapelle des Bundeskanzleramts gefeiert.

»*Wir hatten – trotz allem – Grund genug zu danken. Am Schluss sangen wir die Bundeshymne*«, schrieb Klaus. Er besaß im Grunde bei aller Machtverbundenheit ein gehöriges Maß an Demut. Zu Alfred Maleta, eine Zeit lang Nationalratspräsident, sagte er einmal in einem Zusammenhang, an den ich mich nicht mehr erinnere: »Du bist viel zu wenig demütig!«

Klaus war es. Vielleicht war er es, weil er Humanist war. Einer, wie er im Buche steht – im Latein- und Griechisch-Buch. »Amicis ubique«, schrieb er auf die erste Seite seiner Memoiren, die auch sonst an Zitaten nichts vermissen lassen. Gelegentlich nennt er die Macht auch »Imperium«. Klaus ist Doktor der Rechtswissenschaften gewesen.

Und er war einer der wenigen praktizierenden Katholiken in der Spitzenpolitik der Zweiten Republik. Nicht zuletzt aus diesem Grund ist er, wie mir scheint, ein Mann gewesen, der wahrscheinlich nicht mehr in das dritte Jahrtausend passt.

Als ihn die Pflegerinnen im letzten Jahr des zweiten Jahrtausends noch immer »Herr Bundeskanzler« nannten, haben sie eine Ära erwähnt, die sie nicht mehr gekannt haben. Es gibt viele davon: eine Ära Figl, eine Ära Raab, natürlich eine Ära Kreisky, wohl auch eine Ära Schüssel.

Die Ära Klaus hat sich von den anderen jedenfalls in einem Punkt unterschieden: Dem Hosianna ist diesmal nicht das Crucifige gefolgt. Josef Klaus wurde nicht gekündigt. Das ist schon etwas – blickt man hinter die Kulissen der Politik.

Roma locuta, causa finita?

Die Turbulenzen in Österreichs Kirche

Wir leben im Zeitalter der Transparenz. Der Mensch ist aus Glas. Wir sind alle gläsern geworden, heißt es mit einem Unterton der Sorge.

Die Sorge wäre unbegründet, ginge es nicht um Daten, Gewohnheiten, ja sogar Gedanken – auch die sind ja, wie wir wissen, nicht mehr sakrosankt –, sondern um die Politik. Diesbezügliche Transparenz ist wünschenswert. Sie ist immerhin häufig, wenngleich nicht immer vorhanden.

Aber die Mediokratie sorgt doch oft dafür, dass ein Blick hinter die Kulissen möglich ist. Mediokratie: die Herrschaft der Medien. An anderer Stelle in diesem Buch wird ausführlicher darauf eingegangen. Mediokratie, eine Sparte der Demokratie? Da wird immer wieder die häufig festzustellende Diskrepanz zwischen öffentlicher und veröffentlichter Meinung zum Thema.

Es gibt freilich kaum einen Bereich in unserer Gesellschaft, in dem sich die Transparenz so geändert, oder besser vermehrt bzw. intensiviert hat, wie in der Religion. Wir wissen alles, oder wir glauben es jedenfalls zu wissen. Vor allem haben wir zur Kenntnis zu nehmen, dass in Österreich an zweiter Stelle der Religionsbekenntnisse – nach den Katholiken – nicht etwa, wie man vermuten könnte, die Muslime stehen, sondern »o. B.«, also jene, die angeben, keines zu haben. Sie sind glaubenslos, jedenfalls was die Religion betrifft.

Die Gesellschaft hat sich säkularisiert, der Parteienstaat mit ihr. Öffentliche Erörterungen über Bischofsernennungen hat es früher nicht gegeben: Roma locuta, causa finita. Kirchliche Belange standen außer Diskussion. Ein Blick hinter die Kulissen der Kirchenpolitik mag interessant gewesen sein, aber nur für einige wenige, was herauskam, hatte man als Katholik oder Katholikin – und es galt natürlich auch für die anderen christlichen Bekenntnisse – zu akzeptieren. Man wusste allenfalls, wer der jeweilige Diözesanbischof war. Die Weihbischöfe kannte man nicht – es war offenbar nicht notwendig, sie zu kennen.

Heute ist alles ganz anders. Es ist einfacher geworden, und gleichzeitig ist alles sehr kompliziert. Die Kirchenpolitik – die des Staates und vor allem auch die des Vatikan – wurde zum integrierenden Bestandteil der Mediokratie. Nicht nur der heimischen, sondern der internationalen. Um es einmal ganz einfach zu sagen: Alles dreht sich, alles bewegt sich.

Hier soll nicht (zum wievielten Mal eigentlich?) erörtert werden, wie eine Volksabstimmung in Österreich über den eventuellen Beitritt der Türkei zur EU ausgehen würde. Noch immer ist der Begriff des christlichen Abendlands offenbar unzerstörbar. Andererseits ist interessant, wie sich kirchenpolitische Auffassungen mit der Zeit ändern können. Vor allem hat sich die Position der österreichischen politischen Parteien gewandelt.

Da schrieb etwa Ingeborg Schödl in ihrem Buch »Vom Aufbruch in die Krise – Die Kirche in Österreich ab 1945« über das, was sich in der Arena der heimischen Politik vor dem ersten Besuch des unlängst selig gesprochenen Papstes 1983 abgespielt hat. Im Vorfeld der Visite sei es zu einem Eklat gekommen, »*der an alte sozialistische Kampfparolen gegenüber der Kirche erinnerte. Die Sozialistische Jugend plante nämlich ein ›Anti-Papst-Fest‹, gedacht als Gegenveranstaltung zur Begegnung des Papstes mit der Jugend im Wiener Stadion. Unterstützerin dieser Aktion war die SPÖ-Staatssekretärin für Frauenfragen, Johanna Dohnal, die sich in der Diskussion über die Fristenlösung als vehementeste Kritikerin der Kirche hervorgetan hatte. Ihren bei dieser Veranstaltung in der Kurhalle Oberlaa geplanten Auftritt musste sie aber dann doch auf Druck ihrer Parteifreunde absagen. Einen Rückzieher musste auch der Vorsitzende der Wiener Jungsozialisten, Werner Faymann, machen, und die Veranstaltung in ›Alternative zum Papstrummel‹ umbenennen.«*

Noch einmal: Alles dreht sich, alles bewegt sich. Auch das Starre wird weicher. Die Wiener Jungsozialisten hatten Leibchen mit der Aufschrift »Papst hau ab« vorbereitet, überdies sollten an Kiosken jene, die einen Kirchenaustritt erwogen, beraten werden.

Josef Cap, heute Klubobmann der SPÖ im Parlament, damals Vorsitzender der Sozialistischen Jugend Österreichs, wandte sich vehement gegen die Aktion dieses Wiener SP-Jungpolitikers, der später Bundeskanzler der Republik werden sollte. Es gebe zwar das Recht auf Kritik, aber es gehe um das Wie.

Faymann verteidigte sich:

»Die Aktion richtet sich nicht gegen die Religion oder gegen den Papst, sondern gegen den Politiker Wojtyla und den Rummel um seine Person.«

Und weiter Ingeborg Schödl: *»Alt-Bundeskanzler Bruno Kreisky nannte es ›instinktlos‹, SPÖ-Zentralsekretär Fritz Marsch mahnte, damit ›nicht die unseligen Geister der Vergangenheit heraufzubeschwören‹, SPÖ-Innenminister Karl Blecha ging auf Distanz und sah ›darin einen Verstoß gegen die SP-Grundsätze‹, Außenminister Erwin Lanc hielt zwar eine derartige Veranstaltung ›für gesetzlich möglich, aber nicht für sehr gescheit‹. Ein Machtwort sprach dann Bundespräsident Rudolf Kirchschläger, der die Initiatoren der Kampagne zu einer ›Kopfwäsche‹ zu sich in die Hofburg beorderte.«*

Dem Papstbesuch war ein gesamtösterreichischer Katholikentag vorausgegangen, dieser und die Visite des Pontifex Maximus fanden aus Anlass des 300. Jubiläums der (missglückten) zweiten Türkenbelagerung statt. Dass auch Benedikt XVI., als er Wien 2007 besuchte, gleich nach seiner Ankunft von der Empore der Kirche am Hof aus vom zweimaligen Sieg der Wiener über die Türken sprach, scheint in diesem Zusammenhang durchaus nicht ohne Bedeutung.

Bei der ersten Papstvisite 1983 herrschte auf dem Heldenplatz brütende Hitze und auch wir Journalisten akzeptierten dankbar die Trinkwasserspenden der Malteser. Drei Tage später, als das »Papamobil« im Donaupark langsam durch die Reihen der vielen Gläubigen rollte, regnete es in Strömen. Diesmal wurden Umhänge verteilt. ORF-Generalintendant Gerd Bacher war dennoch begeistert. »Ein tolles Gemeinschaftserlebnis«, sagte er mir.

Das erste »Medienereignis«, das – wie ich mich erinnere, ich war damals noch Gymnasiast – Schlagzeilen machte, war die Bischofsweihe von Franz Jachym als Koadjutor des Kardinals Innitzer. Die ÖVP hatte ihn vehement abgelehnt, weil er unter anderem die Wohnungspolitik der Partei kritisiert hatte, aber auch, weil er sich während der Vorbereitungen für den Abschluss des Konkordats in einem »Weißbuch« energisch für die Rückgabe des vom NS-Regime beschlagnahmten Kirchenbesitzes ausgesprochen hatte. Als es um die Nachfolge Innitzers ging, ließ die Volkspartei nichts unversucht, um Jachyms Ernennung zu verhindern. Er wurde für die ÖVP zur Persona non grata, so Schödl:

»Als die Nachfolge nach dem Wiener Bischofsstuhl spruchreif wurde und der Name Jachym in diesem Zusammenhang öfters fiel, benützte vor allem die ÖVP alle Beziehungsfäden Richtung Rom, um eine Ernennung zu verhindern. Der damalige Bundeskanzler Julius Raab soll seinen Unterrichtsminister Heinrich Drimmel mit folgendem Auftrag dorthin beordert haben: ›Fahr nach Rom und sag, der Jachym is net tragbar‹.«

Abermals: Roma locuta, causa finita. Für Jachym war sie beendet. Er erfuhr sein Schicksal aus der Zeitung. Der Nachfolger des verstorbenen Kardinals Innitzer war Franz König.

Die Ablehnung der Volkspartei, was Franz Jachym betraf, war eher überraschend. Die ÖVP hatte sich lange Zeit als Vertreterin des christlichen Elements in der Republik verstanden, solcherart die Tradition der Christlich-Sozialen fortsetzend. Auch in den ersten Nachkriegsjahren war es nicht ungewöhnlich, dass von der Kanzel aus Wahlempfehlungen gegeben wurden. Das änderte sich nach dem Zweiten Vatikanischen Konzil. Damals schrieb der Generalsekretär der ÖVP, Hermann Withalm, dass seine Partei nicht Exekutivorgan der Kirche sei und die Kirche nicht Exekutivorgan der ÖVP. Schon vorher hatte es nach dem »Vaticanum II« geheißen, Christen sollten überall mitwirken – in der Politik, in der Gewerkschaft, auch in den Parteien, und zwar in allen.

Mag sein, dass dies in sonderbarer Umkehrung der Verhältnisse eine der Ursachen war, dass die ÖVP 1966 die absolute Mehrheit errang. Die Kirche wollte zeigen, dass sie gleichsam nicht »monochrom« sei. Die einseitige Bindung Thron–Altar und nachher Pfarrkanzlei–Christlichsoziale hatte aufgehört. Bis dahin hat es jeweils vor Nationalratswahlen in den Hirtenbriefen sinngemäß nicht etwa geheißen, dass Katholiken nur die ÖVP wählen dürften, aber immerhin sollten sie einer Partei ihre Stimme geben, die vom Programm, von den Personen und von der Praxis her christlich handle. Es waren die drei Ps. Und die, hieß es, seien nur in der Volkspartei zu finden.

Die SPÖ ihrerseits hat die Distanz zu der politischen Partei aufgegeben, von der sie ursprünglich gemeint hatte, dass nur Feindseligkeit zu erwarten sei. Ausschlaggebend für die Annäherung war unter anderem ein Sozialhirtenbrief, der 1956 verkündet wurde und sich mit Problemen der industriellen Arbeitswelt, der Landwirtschaft und den neuen Aufgaben des Staates befasste. Die Bischöfe wiesen darin auch auf die Zusammenarbeit der Sozialpartner hin. Entworfen wurde der Hirtenbrief von Bischof Paulus Rusch, damals Apostolischer Administrator Innsbruck-Feldkirch, die eigenen Diözesen Tirols und Vorarlbergs wurden erst später geschaffen.

Der Sozialhirtenbrief wurde von der SPÖ mit Wohlgefallen aufgenommen. Dies betonte ausdrücklich auch Klubobmann Bruno Pittermann, der am sozialistischen Parteitag von der »freudigen Genugtuung« sprach, mit der erstmalig der ernsthafte Versuch unternommen werde, »dem demokratischen Sozialismus Gerechtigkeit zuteil werden zu lassen«. Ingeborg Schödl schreibt:

»Der tiefe Abgrund zwischen Kirche und Sozialdemokratie, der sich in der Ersten Republik zur Arbeiterschaft aufgetan hatte, begann sich auch durch die gemeinsam erlittene Verfolgung während des NS-Regimes

langsam zu schließen. Eine neue Politikergeneration, die nicht alten Ressentiments anhing, sondern deren Ziel die Gestaltung der Zukunft war, hatte nun das Sagen. Eine Zukunft, in der man sich aber seitens der Sozialdemokratie auch vorstellen konnte, Wählerschichten im katholischen Milieu anzusprechen. So enthielt das 1958 erarbeitete neue SPÖ-Parteiprogramm den bemerkenswerten Satz: ›Sozialismus und Religion sind keine Gegensätze. Jeder religiöse Mensch kann auch gleichzeitig Sozialist sein.‹«

Kardinal König trug das Seine bei, um diesen Worten Taten folgen zu lassen. Er war Ehrengast beim ÖGB-Kongress und hielt aus diesem Anlass sogar eine Rede und ließ zu, dass er in konservativen Kreisen der »rote Kardinal« genannt wurde. Während der Amtszeit von Bundespräsident Kirchschläger hielt König immer sehr politisch akzentuierte Jahresschlussansprachen, während Kirchschläger, durchaus kein Frömmler, sich pastoral ausdrückte. Der Kardinal ziehe jeweils eine politische Jahresbilanz und der Bundespräsident halte die Schlussandacht, hieß es damals scherzhaft.

Hinter den Kulissen der österreichischen Kirchenpolitik war indessen längst einige Verwirrung zu spüren. Nach dem Höhenflug der Beziehungen mit der Sozialdemokratie kam es fast zu einem Absturz, als beim SPÖ-Parteitag 1972 die sogenannte Fristenlösung den Abtreibungsparagrafen des Strafgesetzes ersetzte. Der Forderung der sozialistischen Frauen war Rechnung getragen worden, worauf Kreisky ernsthaft einen Bruch der mühsam gesponnenen Kontakte mit den Bischöfen befürchtete. In vertrautem Kreis, vor allem Heinz Fischer gegenüber, hat er dieser Sorge unverblümt Ausdruck gegeben. Auch ein Volksbegehren nützte nichts, obgleich die Teilnahme alle Erwartungen übertraf. Selbst eine Großdemonstration in Wien, an der Kardinal König teilnahm, war vergeblich.

Ich habe mich nachher immer wieder gefragt, ob der Wiener Oberhirte in diesem Fall das Interesse der Medien nicht etwa unterschätzt hatte.

Es war vor einem Festakt im Parlament, als ich mit Hans Mahr, damals innenpolitischer Reporter der »Krone«, zufällig neben dem Kardinal stand. Im Verlauf eines üblichen Small Talks fragte Mahr ihn nach dem letzten Stand der Meinungsbildung in Sachen Fristenlösung. Franz König gab plaudernd Auskunft und Mahr verließ abrupt die Szene – um mit seiner Redaktion zu telefonieren, wie ich mit an Sicherheit grenzender Wahrscheinlichkeit annahm. Woraufhin König mich fragte: »War das etwa ein Interview?« Der Kardinal hatte gewusst, dass er mit einem Journalisten sprach. Ist es nicht Aufgabe von Angehörigen der Medienbranche, zu kommunizieren, was sie erfahren – es sei denn, sie werden um Verschwiegenheit gebeten?

Ansonsten war König, wie ich weiß, mitunter durchaus selbstbewusst. Als ich ihn von einer Einladung mit meinem Wagen zurück ins Erzbischöfliche Palais führte, forderte er mich auf, quer über den Stephansplatz zu fahren. »Das darf man nicht«, sagte ich. »Ich darf!«, sagte der Kardinal. Er hatte recht.

War König auch in seinem Verhältnis Österreichs zum Vatikan selbstbewusst? Eine Abkühlung hatte sich bereits ergeben, als Paul VI. die Enzyklika »Humanae Vitae« 1968 erscheinen ließ, die jede Art der künstlichen Geburtenregelung verbot. Sie ist weltweit kritisiert worden und die Medien haben sich dagegen ausgesprochen. Mit, so glaube ich, einer Ausnahme: In der »Presse« verteidigte Pia Maria Plechl den Papst. Dass der damalige Leitartikel von Chefredakteur Otto Schulmeister verfasst und von der Autorin gezeichnet wurde, mag ein Gerücht gewesen sein.

Jedenfalls haben schon damals in der katholischen Kirche Österreichs jene Fronten aufzubrechen begonnen, die dann vor allem wegen umstrittener Bischofsernennungen vollends aufbrachen. Ich hatte Gelegenheit, in diesem Zusammenhang in Rom ein langes Gespräch mit Kardinal Josef Ratzinger zu führen, zu dieser Zeit Präses der Glaubenskongregation, der mich in seinem einfachen Büro empfing. Er erkundigte sich nach der Stimmung in Wien, ließ aber, um ehrlich zu sein, keinen wie immer gearteten Groll erkennen.

Auch bei einem Mittagessen, zu dem ein paar Monate vorher Bundespräsident Waldheim anlässlich eines Besuchs von Ratzinger in Wien geladen hatte und an dem ich teilnahm, kam die Rede nicht auf die Bischofsernennungen.

Wohl aber erregten diese Nominierungen einen großen Teil der Gläubigen, vor allem deswegen, weil diejenigen, die als »Fixstarter« genannt worden waren, dann nicht ernannt wurden, was sie aus der Zeitung erfuhren. Beispiele waren Helmut Krätzl und Florian Kuntner, die beide in Rom als zu »offen« galten. Dafür wurde, als die Nachfolge Kardinal Königs anstand, der Wahlfahrtsdirektor von Maria Roggendorf, Hans Hermann Groër, der neue Erzbischof von Wien.

Als dann auch noch als neuer Diözesanbischof von St. Pölten der Wiener Weihbischof Kurt Krenn unter Protesten der Bevölkerung inthronisiert wurde, war das Verhältnis mit Rom bis fast auf den Nullpunkt gesunken. In Wien gab man nicht zuletzt Kardinal König die Schuld an den vermeintlichen Missgriffen des Vatikan. Er hatte weder vor seinem Rücktritt noch nach dem Ausscheiden aus dem Amt eine Meinung hinsichtlich seines Nachfolgers geäußert.

Die Krise der Kirche sei in Wahrheit eine Krise der Bischöfe, schrieb Andreas Khol, ein Spitzenpolitiker der ÖVP, in einem Jahrbuch seiner Partei. Nach dem Sonnenschein der Nachkriegszeit seien jetzt die Jahre der Turbulenzen angebrochen, hieß es. In einem Fernsehfilm über Kardinal König sind solche Divergenzen nicht deutlich genug gezeigt worden, meine ich. Vielmehr war das Leben des »Sonnenkardinals«, wie ihn der Wiener Theologe und Religionssoziologe Paul Zulehner nannte, so dargestellt, dass als Resümee nur ein neues »Santo subito« möglich war.

Indessen wurden die Kirchenaustritte von Jahr zu Jahr zahlreicher, deren Anlass zuletzt auch die Missbrauchsfälle in katholischen Institutionen waren. Die »Mediokratie« ließ sich dies als jeweilige Spitzenmeldung nicht entgehen. Als Erklärung dafür mag das Ergebnis von Umfragen dienen, die in den 1970er-Jahren veranstaltet wurden. Sie zeigten, dass unter den Menschen ohne religiöses Bekenntnis der Prozentsatz der Journalisten signifikant höher ist als jener der Übrigen in Österreich.

Demgegenüber sei, wie die Zeitschrift des ÖCV, »Academia«, schreibt, eine Zunahme des Atheismus festzustellen, nicht zuletzt aufgrund eines Zusammenstoßes vor allem der katholischen Kirche mit der säkularen Ideologie der Emanzipation. Es entstehe, so die »Academia«, langsam eine Volksbewegung:

»Schon jetzt sind ihre Ideen etwa innerhalb der österreichischen Grünen salonfähig. Mit 34 Prozent befürworten etwa nur halb so viele Grün-Anhänger als Gesamtösterreich Kreuze in Schulklassen.«

Es gebe bereits ein atheistisches Kinderbuch, es werden atheistische Netzwerke aufgebaut, Naturwissenschaftler publizieren Bücher gegen das Christentum und gegen den Gottesglauben *»und im der rot-grünen ÖH-Mehrheit der Universität Wien nahe stehenden ›Studibeisl‹ ist auf Plakaten zu lesen, dass nur antiklerikale Kellner angestellt werden. Das ist kämpferischer intertoleranter Atheismus par excellence!«*

Das ist alles übertrieben, scheint es.

Aber auch das ist Österreich. Nicht nur die Politik im Allgemeinen, sondern auch die Politik der Kirche hat viele Facetten.

Gegen die »Selbstverzwergung«

Um Wolfgang Schüssel ist es ruhig geworden

Warum nannte man ihn eigentlich den »Schweigekanzler«?

Ich habe ihn nie als solchen gekannt, diesen Wolfgang Schüssel. Er ist einer der längstdienenden Regierungschefs der Zweiten Republik gewesen. Am 4. Februar 2000 zog er in das Bundeskanzleramt ein und am 11. Januar 2007 hat er es wieder verlassen. Er war vielleicht nicht gerade der Leutseligste der österreichischen A-Liga-Politiker, aber wen er kannte, gut kannte, wem er vertraute, für den war sein Herz keine Mördergrube.

Dabei hatte er Enormes zu tun, um nicht selbst in eine Mördergrube zu fallen. Das war damals, als er seinen Koalitionspakt mit Jörg Haider schloss. Es ist müßig und wäre Platzverschwendung, noch einmal ausführlich auf die Sanktionen einzugehen, die damals über ihn, über seine Regierung, das Land und über alle Österreicher verhängt worden waren. Sie sind Geschichte – kümmern wir uns nicht mehr darum.

Da ist es interessanter, zu überlegen, welche Kanzler der Republik einer Ära ihren Namen gegeben haben. Ich darf wiederholen: Da gab es etwa die Ära Raab. Manche nennen sie eine doppelte: Raab–Kamitz. Da war vorher die Ära Figl. Aber war das wirklich eine Ära? Es war die Epoche des Wiederaufbaus und natürlich ist sie mit dem Namen des damaligen ersten Bundeskanzlers nach dem Krieg verbunden. Aber eine Ära war sie meiner Meinung nach nicht. Es war, wie heute viele Überlebende meinen, so etwas wie ein stilles Heldentum des österreichischen Volks.

Natürlich gab es eine Ära Klaus. Vor allem gab es eine Ära Kreisky. Aber kann man von einer Ära Klima reden? Oder von einer Ära

Gusenbauer? Oder gar von einer Ära Faymann? Gewiss, Vranitzky hat einer Epoche seinen Namen gegeben. Jedenfalls aber ist es Wolfgang Schüssel gewesen, der sieben Jahre lang regiert und dem Land seinen Stempel aufgedrückt hat.

Er hat es als Regierungschef nicht leicht gehabt. Gewiss nicht. Man hat ihm zuallererst vorgeworfen, dass es ihm gelungen war, als Drittstärkster zusammen mit dem Zweiten den Ersten in die Opposition zu drängen. Es war – sagten damals viele und sagen es heute noch – nicht schade um ihn, auch wenn der Dritte, der dann Erster wurde, sich nicht an die Spielregeln hielt. Die Miene, mit der Thomas Klestil die schwarz-blaue Regierung angelobte, ist heute noch Legende. Die Tatsache, dass die Minister und ihr Chef sich durch einen Tunnel zu dieser Zeremonie begeben mussten, wird gleichfalls noch lange in den Geschichtsbüchern verzeichnet sein.

Immerhin hat Wolfgang Schüssel diese Epoche überwunden. Es geschieht ihm heute freilich, was immer passiert, wenn Obmänner, die gleichzeitig Regierungschef sind, abgewählt werden oder aus anderen Gründen ihr Amt zurücklegen müssen. Sie werden kritisiert, ja verdammt, wo sie doch vorher über den grünen Klee gelobt worden sind. Vorzugsweise geschieht dies in der ÖVP, Beispiele dafür habe ich in einigen vorhergehenden Kapiteln geschildert.

Wolfgang Schüssel fühlt sich heute jedoch weder verlassen noch verdammt. »Es ist halt ruhiger um mich geworden«, sagt er. Und er fügt hinzu, dass ihm dies nichts ausmache.

Nach etlichen hektischen, stürmischen, turbulenten Dezennien. Es gibt eben auch eine Ruhe nach dem – und nicht nur vor dem – Sturm.

Ich kenne Wolfgang Schüssel, seit er Generalsekretär des Wirtschaftsbundes war. Er ist immer das Musterbeispiel eines Berufspolitikers gewesen, als Klubsekretär der ÖVP hat er begonnen und als ihr Obmann und später Bundeskanzler aufgehört.

Er hat, glaube ich – und ich meine, ihn nach Maßgabe der Möglichkeiten relativ gut zu kennen –, für einen Berufspolitiker etliche ungewöhnliche Eigenschaften. Er ist überzeugter und, wie ich glaube, praktizierender Katholik. Er hat ein Studium mit dem Doktorat abgeschlossen, das meiner Meinung nach zu jenen mit der breitesten Berufsmöglichkeit gehört: die Rechtswissenschaften. Er verbringt alljährlich einige Tage im Stift Seckau, um sich zu sammeln. Ich traf ihn einmal zufällig in einer großen Stadtbuchhandlung, wo er sich über Neuerscheinungen informierte. Wolfgang Schüssel ist unter den vielen klugen Politikern unserer Zeit einer der klügsten.

Ist die Diagnose, die er seiner Partei in diesen Tagen stellt, ist der Befund, den er freimütig von sich gibt, zutreffend? Er ist ungewöhnlich, dieser Befund – vor allem von einem, der nicht nur hinter die Kulissen der Politik blickt, sondern zeit seines Lebens damit beschäftigt war, diese Kulissen zu schieben. Oft auch zu ver-schieben. Jede Zeit braucht ihre Kulissenschieber. Die sind besonders gefinkelt.

Die Situation der ÖVP sei »sehr interessant«, sagt Schüssel im Gespräch mit mir. Er gibt zu, dass sich seine Meinung von der der meisten Beobachter unterscheide. Sehr interessant? Was heißt »sehr interessant«? Befindet sich die Volkspartei nicht auf einem historischen Tiefpunkt? Lässt ein Blick hinter die Kulissen der Innenpolitik den allfälligen ÖVP-Sympathisanten nicht die Grausbirnen aufsteigen?

Schüssel nimmt kein Blatt vor den Mund. Die gegenwärtige Situation seiner Partei sei selbst verschuldet, meint er. Von wem? Der einstige langjährige Bundesparteiobmann Schüssel wird da auf einmal persönlich: Sepp Pröll. In der Tat habe er sehr viel selbst verschuldet, dieser Nachfolger Wolfgang Schüssels und Vorgänger Michael Spindeleggers.

Schüssel ortete mangelnde Leadership. Er spricht auch von Disziplinmangel: Pröll habe sich zu viel zugemutet, auch gesundheitlich. Man dürfe die Dinge nicht treiben lassen, wie Pröll es getan habe. »Die Leute merken das.«

Schüssel ist überraschend offenherzig. Zugegeben, er ist kleiner und schmächtiger als Pröll. Aber er hat, scheint es, eine eiserne Konstitution. Er spielt Fußball, klettert, fährt Ski.

»Er lässt sich nicht wie die meisten Regierungsmitglieder mit Terminen zuschütten, sondern nimmt sich zwischendurch immer ein, zwei Stunden Zeit um nachzudenken, zu telefonieren oder die neuesten Studien zu lesen«, schreibt der Journalist Alexander Purger in seiner Schüssel-Biografie »Offen gelegt«.

»Minister, die gehetzt von irgendwelchen Terminen zu ihm kommen, sind immer wieder erstaunt, wie entspannt der Mann im Kanzlerbüro dasitzt und welche Ideen und Projekte er abseits des Tagesgeschäfts jetzt schon wieder vor ihnen ausbreitet.«

Pröll hat das offenbar nicht getan. Er hat allzu viele Termine selbst wahrgenommen. Und jetzt? Über die künftige Karriere seines Nachfolgers sagt Schüssel nichts. Will er nichts sagen? Ich erinnere mich an die letzte so muntere Abschiedsrede des scheidenden ÖVP-Obmanns im Finanzministerium. Nichts war mehr zu merken vom so schweren Lungeninfarkt. Ob er bereits den neuen Job als Vorstandsvorsitzender des Mühlenkonzerns Leipnik-Lundenburger in der Tasche hatte, der zum Raiffeisenkonzern gehört, wussten wir nicht, waren aber später davon überzeugt.

»Pröll, der nach einer Lungenembolie Mitte April von allen politischen Funktionen zurückgetreten war, ist als Neffe des niederösterreichischen Landeshauptmanns Erwin Pröll und als ehemaliger Bauernbunddirektor sowie Landwirtschaftsminister seit jeher gut im Raiffeisenreich vernetzt«, schrieb »Die Presse«.

Gut vernetzt zu sein ist im Österreich von heute eine Qualität, die nicht so schnell übertroffen werden kann.

Ist Prölls Nachfolger Michael Spindelegger gut vernetzt? Wolfgang Schüssel ist optimistisch. Wenn er die richtigen Player zusammenbringen könne, wenn er Länder, Teilorganisationen und Klub zusammenführe, wenn er die Leadership übernehme, »dann gibt es eine interessante Chance für die Partei und für ihn«. Schüssel hat entsprechende Rezepte parat: Ein Profil müsse sichtbar werden, das in der heutigen Zeit von vielen nachgefragt werde. Die ÖVP müsse eine Partei mit liberalen Zügen sein. Es gebe im Land zu viel Sozialismus und Zentralismus. Ein »Re-Profiling« sei nötig. Zudem gelte es, die individuellen Rechte zu stärken, die Freiheitsrechte, die heute immer mehr durch den »gläsernen Menschen« gefährdet sind: Er werde ununterbrochen »geortet«. Schüssel ist auch mit einer Kritik an der Justiz schnell bei der Hand: »Bevor ein Beschuldigter informiert ist, sind bereits die Medien verständigt!«

Überraschend offen ist der ehemalige ÖVP-Bundesparteiobmann tatsächlich, wenn es um die Frage geht, wie seine Partei wieder aus dem Tief herauskommen kann – ein Tief, das Schüssel ohne Weiteres als solches sieht: Leistung müsse wieder ins Zentrum rücken. Aber auch das Religiöse der Christdemokaten, als die sich die Partei ja nach wie vor versteht, sollte betont werden. Die ÖVP sollte neu überprüfen, was dieses Religiöse zur Sinnfindung in der heutigen Zeit leisten könnte, etwa auf dem Gebiet der Familie. »Das ist ein Programm, das ein Drittel der Wähler ansprechen kann«, sagt Schüssel.

Denn die SPÖ sei konzeptiv tot und die Grünen hätten nichts anzubieten. Aber sind seinerzeit die Koalitionsverhandlungen der ÖVP mit den Grünen nicht bereits kurz vor dem Abschluss gestanden? »Wir wollten ja, aber die anderen haben schließlich nicht gewollt«, sagt Schüssel. Und die Freiheitlichen? Die seien eine populistische Protestbewegung. Die werde es immer geben. Aber wenn es gelänge, liberale, christlich-religiöse und leistungsbetonende Prinzipien zusammenzubinden, sei dies überaus spannend.

Dann beginnt Schüssel, in seiner Erinnerung zu kramen. Er sei immer stolz gewesen, Chef einer Regierungs- und nicht einer Regierungspartei zu sein. Dass er als junger Wirtschaftsminister 1989 zusammen mit Vranitzky und Mock entschied, den EU-Beitrittsbrief nach Brüssel zu schicken, sei einer der Höhepunkte seines politischen Lebens gewesen, sagt er. Er spart auch nicht mit Lob für die andere Seite: Mock habe es durch Beharrlichkeit ermöglicht, »aber es ist Vranitzkys Verdienst, das durchgesetzt zu haben. Es war in der SPÖ sehr umstritten.«

Für Schüssel waren das alles »magische Momente«: der EU-Betritt, der Fall des Eisernen Vorhangs, die Tatsache, dass Österreich nun ein verändertes Rollenbild habe. »Wir sind von der Peripherie ins Zentrum, vom Rand in die Mitte des Kontinents gerückt. Wir haben eine zentrale Funktion am Rande der größten Wachstumsregion Europas. Wir werden von den anderen größer gesehen, als wir glauben.«

Es folgt eine Wortbildung, die typisch für Schüssel ist: »Unsere größte Gefahr ist die Selbstverzwergung, die Selbstprovinzialisierung.« Dazu komme eine weitere Gefahr: die demografische Entwicklung. »Grenzen auf für die besten Köpfe!«, fordert er. »Nicht für jedermann, aber für die besten Talente.« Dann kommt noch einmal Lob: »Jeder baut auf seinem Vorgänger auf.« Kreisky sei nicht denkbar ohne den Reformer Klaus, die heutige Situation wieder fuße auf der guten Basis der vorhergehenden Ära. Wer glaubt, dass Schüssel damit seine eigene meint, dürfte nicht falsch liegen. Doch Schüssel setzt fort: »Die heutige Regierung hat in der Wirtschaftskrise die richtige Entscheidung getroffen. Gusenbauer–Molterer und Faymann–Pröll haben richtig gehandelt.« Was fehle, sei »eine mutigere innenpolitische Agenda. Da wäre mehr herauszuholen.«

Aber es sei verfehlt und nicht passend, meint Schüssel, im Nachhinein alles besser zu wissen. Er scheut sich nicht, Namen dieser »Besserwisser« der Innenpolitik zu nennen: Erhard Busek, Heinrich Neisser, auch den alten Herbert Krejci. Aber Namen sind ja in diesem Zusammenhang Schall und Rauch.

»Ich bin ihnen auf die Nerven gegangen.«

Erhard Busek und der Geruch der Parteiorganisation

Ist er ein Nachdenker, ein Mitdenker, ein Querdenker? Oder ist er ein Flottdenker? Ein Vorausdenker? Erhard Busek hat viel zu tun in dieser Zeit. Freilich nicht für die Partei, der er eigentlich gedient hat, seit er politisch flügge war. Und dies, obwohl er »nicht ein typischer ÖVP-Mann und nicht ein typischer Parteimann« ist. Er selbst hat das gesagt. Aber dazu später.

Erhard Busek hat, als er Wiener Vizebürgermeister war, eine Reihe von »bunten Vögeln« in die Politik gebracht. Es gibt viele, die der Meinung sind, er sei selbst ein solcher bunter Vogel gewesen und daher eigentlich kein »gestandener« Politiker.

Er ist einsichtig. »Eine gewisse intellektuelle Verspieltheit ist mir durchaus eigen. Ich gestehe: Ich habe eine Tendenz, keinen Scherz auszulassen, auch wenn es einen anderen kränkt.« Also sprach er seinerzeit in einem Interview anlässlich seines sechzigsten Geburtstages. Indessen ist sein Siebziger vorüber. Hat sich etwas geändert?

Ich kenne ihn seit Langem, eigentlich seit Beginn meiner Karriere als Journalist, der sich vor allem der heimischen Innenpolitik widmete. Jüngst ist im Gespräch mit ihm die Rede auf zwei Perioden gekommen, die man mit einer journalistischen Eiszeit vergleichen kann. An eine erinnerte ich mich, Busek hatte sie vergessen. An die zweite erinnerte sich Busek, sie war längst aus meinem Gedächtnis verschwunden. Beide waren politischer Natur. Politisch-journalistisch, könnte man sagen.

Die eine handelte von der Premiere des Thomas-Bernhard-Stücks »Heldenplatz« am Burgtheater. Es war damals fast ein politischer Theaterskandal, es gab Demonstrationen und ich erkundigte mich beim Wiener ÖVP-Obmann nach seiner Meinung – das Stück war ja von Peymann justament zum 100. Jahrestag der Eröffnung des Burgtheaters, aber auch anlässlich des Gedenkjahres 1988 inszeniert worden, zum 50. Jahrestag des Anschlusses 1938.

Ich bat Busek um einen Kommentar: »Wer sich ärgert, muss ja nicht hingehen«, sagte er. Ich schrieb einen mehrspaltigen Titel: »Busek: Nicht hingehen!« Das war natürlich falsch. Eigentlich war es in seiner unzulässigen Verkürzung ein journalistisches Vergehen allerersten Ranges. Busek stellte mich zur Rede, ich gab den Fehler zu. Die Folge trotzdem: Eiszeit.

Beim zweiten Mal war die verletzte politische Eitelkeit die Ursache. ÖVP-Vizebürgermeister Busek hatte seinen Berliner Kollegen Eberhard Diepgen, den CDU-Oberbürgermeister der damals noch geteilten Stadt, zu einem Besuch nach Wien eingeladen. Der deutsche Kommunalpolitiker besuchte auch Helmut Zilk, das Wiener Stadtoberhaupt. Ich stellte ein Foto der beiden in die Zeitung – aber ohne Busek, den Gastgeber. Wieder Eiszeit.

Trotzdem war und ist Erhard Busek nicht einer jener Männer »für jede Jahreszeit«, wie es in der Politik so viele gibt. Er ist nach wie vor umstritten, dieser »intellektuelle Feuergeist«, wie er in einer Online-Ausgabe der »Wiener Zeitung« genannt wird. Er ist durchaus bereit auszuteilen. Er ist aber auch bereit einzustecken.

Als er 1991 auf einem ÖVP-Parteitag als Nachfolger von Josef Riegler (wer kann sich noch an ihn erinnern?) zum Bundesobmann gewählt wurde, bekam er 57 Prozent der Stimmen. Er wollte ursprünglich nicht antreten, sagt er heute. Aber mit einem Gegenkandidaten Bernhard Görg? Das, meint er, habe er sich zugetraut: »Was der kann, kann ich auch«, habe er gedacht. Vor allem, da Görg ja viel weniger politische Vorkenntnisse gehabt habe. »Keine Vordienstzeiten«, wie es Busek ausdrückt. Er hat auch gewonnen, wenngleich mit einem Prozentsatz, der heute keinem Spitzenpolitiker mehr Ehre einlegen würde. Als Michael Häupl beim letzten Wiener SP-Parteitag »nur« 89 Prozent bekam, wurde dies als eklatante Niederlage angesehen.

Was sich hinter den Kulissen der damaligen ÖVP-Bundespolitik, der Obmann-Politik und vor allem in den, nun, sagen wir, Herzen und Seelen der Beteiligten abspielte, wird man wahrscheinlich nicht erfahren; ein Sigmund Freud der österreichischen Innenpolitik muss erst geboren werden. Buseks Erfolge als Bundesparteiobmann waren nicht zu übersehen. Er hat vor allem als einer der Initiatoren der EU-Volksabstimmung jene Befriedigung erfahren, wie sie Politikern nicht allzu oft zuteil wird.

Doch dann kamen die Nationalratswahlen 1994. »Ich habe zwar nicht so viel verloren wie Vranitzky, aber doch genug«, sagte er. Folgerichtig begann wieder einmal das »Wechsle den Obmann«-Spiel der Volkspartei. »Es sind wenige hinter mir gestanden und die anderen haben keine Alternative gehabt«, sagt Busek heute. Auch Joschi Krainer habe nicht aushelfen können. »Vielleicht soll es der Khol machen«, hat Krainer gesagt.

Was dann und wie es geschah, berichtet Busek heute so: »Ich habe zum Schüssel gesagt: Also dann wirst du es übernehmen müssen. Er war gerade vor einer Reise nach China und hat gemeint, er werde dort darüber nachdenken.« Indessen warb Busek, wie er sagt, in Wien für den Wirtschaftsminister. Dieser bekam schließlich acht von 15 Stimmen. Schüssel wurde dann vom Bundesparteitag gewählt – mit überwältigender Mehrheit.

Nein, er ist weder ein typischer ÖVP-Mann noch ein typischer Parteimann, dieser Erhard Busek. Vielleicht weiß er zu viel von dem, was hinter den politischen und vorzugsweise den parteipolitischen Kulissen vorgeht, wovon auch wir, die politischen Beobachter, nicht immer Kenntnis haben.

Da ist etwa die parteipsychologische Frage zu klären, aus welchen Gründen und Motiven die Wiener ÖVP auf einen einstelligen Prozentsatz abgesunken ist. Einstellig. Das heißt weniger als zehn Prozent.

»Das ist katastrophal«, sagt Busek. »Das trifft mich persönlich. Ich habe einen wesentlichen Teil meines politischen Lebens hier verbracht.« Und was nun? »Wahrscheinlich ist diese Art von Partei überholt. Es müssten Plattformen gefunden werden für einzelne Wahlen und zu bestimmten Themen, um zu mobilisieren.« Dasselbe gelte auch auf Bundesebene und auch für die SPÖ. Und für beide gelte auch die Personalfrage. Im Parlament gebe es zu wenig Fachleute, zu wenig »Referenten«. Und diese müssten konfliktfähig sein.

Ist Josef Pröll das nicht gewesen? Erhard Busek, der längst auch nicht mehr im Nationalrat sitzt, sondern sich auf internationaler Ebene sehr erfolgreich betätigt, sieht keinen Grund, sich Samthandschuhe anzuziehen, wenn es um seine Partei geht. Im Unterschied zu Wolfgang Schüssel blickt er zwar nicht im Zorn, aber doch mit einem gehörigen Maß an Skepsis und Kritik zurück. Und davon nimmt er den vorherigen, aber auch den neuen Obmann nicht aus.

Zu Pröll etwa sagt Busek: Der hat »mit Sicherheit die falschen Leute erwischt«. Mag sein, dass er »gedrängt« wurde. Das aber entschuldigt ihn nicht: »Man muss nicht alles machen, wozu man gedrängt wird.« Aber die Schwierigkeit der Personalauslese sei so groß wie nie in der Geschichte: »Es gibt einfach zu wenig Leute.«

Den früheren Parteiobmann habe er gewarnt, sagt Busek: Er fürchte, dass er auf diese Weise eigentlich keine Zukunft habe. Pröll habe zugestimmt: Er wisse das selbst und denke nach, wie er die Situation ändern könne. »Für ihn ist die Thrombose mit allen ihren Folgen offenbar irgendwo nicht ungelegen rechtzeitig gekommen. Er hat auch so gewirkt, als er ausgestiegen ist.«

Kann sich die ÖVP jetzt aus dieser misslichen Lage »herauswursteln«? Erhard Busek ist pessimistisch. »Ich sehe es nicht. Die Ansätze sind nicht da.« Aber es gibt doch einen neuen Parteiobmann, der einen großen Teil seines Regierungsteams ausgewechselt hat? Die Antwort erstaunt den Nichtprofi: »Michael Spindelegger hat seine Karriere gemacht, indem er immer flach war.« Er sei bisher mit nichts aufgefallen. Er sei in der Politik alt geworden und man verbinde bisher mit ihm weder irgendeine Aktivität noch einen Akzent. Spindelegger sei bislang nicht durch Konflikte aufgefallen. »In solcher Situation muss man konfliktbereit sein, auch in den Sachkonflikten.« Das Problem Spindeleggers sei, dass er nicht die Leute habe, »mit denen er das kann«.

Wieder einmal nimmt sich Erhard Busek kein Blatt vor den Mund. Die sogenannte Parteidisziplin war für ihn immer ein Popanz. »Ich bin ihnen auf die Nerven gegangen«, sagt er und kramt in seinen Erinnerungen. »Mir hat der Geruch der Parteiorganisation nichts gegeben. Das ist nicht mein Fall, war es nie.« Gewiss, die Partei sei ein notwendiges Instrument, um Politik machen zu können. Aber es werde alles provinzieller und enger gegenüber dem »Global Village«. Er meine, dass ein oft zitierter Spruch vieles für sich hat: »Jeder denkt an sich, nur ich denke an mich.« Und das, resümiert Busek, sei die gegenwärtige Situation der Politik. »Da ist einfach kein Drive drinnen.«

Siehe da – trifft sich Erhard Busek da nicht mit Wolfgang Schüssel? Beide, scheint es, sind überzeugte und hundertprozentige Europäer. »Der Kontinent bringt sich um seine Rolle – infolge mangelnder Handlungsfähigkeit.« Der Weg zurück zum Nationalstaat, den der Kontinent im Augenblick einzuschlagen beginnt, sei in Wirklichkeit eine Regression. »Die wirkliche Rolle spielen China, Indien, auch der arabische Raum. Natürlich auch Amerika. Die Europäer gibt es nicht.«

War Erhard Busek, wie viele behaupten, zu gescheit für die ÖVP und ist er immer noch zu klug für sie? Eine Feststellung jedenfalls, die er trifft, sollte als Merksatz in die Parteibücher aller Couleurs eingetragen werden: »Wir erleiden einen Verlust der Geschichte.« Das Gedächtnis, formuliert der ehemalige Wiener Vizebürgermeister, Parteiobmann, Vizekanzler, Wissenschaftsminister, »ist in gewisser Weise ausgestorben. Es wird offensichtlich nichts mehr weitergegeben. Wir haben noch gelebt von Geschichte, von Geschichten und auch von Geschichterln, die erzählt wurden.«

Das Resümee klingt missverständlich, ist es aber nicht: »Offensichtlich erzählt heute niemand mehr etwas.« Eine Feststellung, die nicht zuletzt auch auf die Medien gemünzt werden soll. Und Busek weiß, wovon er spricht.

»Trotz Klüften ... Herzlichst Ihr ...«

Ära und Welt des Bruno Kreisky

Das Foto hängt – ich gebe es offen zu – unter Glas und eingerahmt in meinem Arbeitszimmer. »In freundschaftlicher Verbundenheit – trotz Klüften der politischen Zielvorstellungen. Herzlichst Ihr Bruno Kreisky.«

Das Bild trägt leider kein Datum. Es muss vor vielen Jahren aufgenommen worden sein. Der Bundeskanzler hat noch straff gescheiteltes Haar, die Farbe, seinerzeit als Kreisky-Rot bekannt, ist auf der Schwarz-Weiß-Ablichtung nicht erkenntlich. Wohl aber sieht man, dass der Regierungschef einen Nadelstreifanzug trägt. Und daneben steht jener, dem das Bild handschriftlich gewidmet ist.

War ich damals schon Chefredakteur? Oder war ich zu jener Zeit Leiter der innenpolitischen Redaktion der »Presse«? Ich weiß es nicht mehr. Ich weiß nur, dass Bruno Kreisky recht hatte mit seinem Vermerk: freundschaftlich trotz Klüften. Er hätte es nicht besser ausdrücken können.

In der Tat sticht in meinen politischen Erinnerungen keiner so deutlich hervor wie der Mann, der von 1970 bis 1983 an der Spitze der österreichischen Bundesregierung stand. Gewiss, es gab, wie ich schrieb, eine Ära Klaus und eine Ära Vranitzky, gewiss auch eine Ära Raab. Aber die markanteste Ära ist doch, so meine ich, die Ära Kreisky gewesen. Er war das, was wir uns unter einem Staatsmann vorstellen. Ein Staatsmann österreichischer Prägung, gewiss. Aber einer, der – nehmt alles nur in allem – Weltgeltung gehabt hat wie kein Österreicher vor ihm und nach ihm seit dem Zweiten Weltkrieg. »He put Austria on the map«, hieß es damals im Ausland. In Österreich sagte man es voll des Eigenlobs und der Einbildung anders: Man sprach von der Austrifizierung der Welt. Sie hat dann bald geendet.

Sind meine Erinnerungen an die Kreisky-Jahre überschwänglich? Mag sein. Ich bekenne mich dazu. Immerhin habe ich am 30. April 1959 das erste und bisher einzige Telegramm bekommen, das den Stempel »Staatsvorrang« trug. Es war der Tag meiner Hochzeit, Absender war der Staatssekretär im Außenministerium. Vielleicht war der »Staatsvorrang« meiner Frau und mir zuliebe eingeräumt worden. Dabei hatte ich das innenpolitische Feld der Berichterstattung noch gar nicht betreten, war Redakteur im Lokalteil und kannte Kreisky nur von einigen Pressekonferenzen. Aber er wusste damals schon, wie man Medienleuten Eindruck macht. Er hat es nachher viele Jahre lang gewusst. Er war ja der »Journalistenkanzler«. Und er hat uns zur Trauung gratuliert. Ob ich ihm damals eine Hochzeitsanzeige geschickt hatte, weiß ich nicht. Aber Kreisky merkte sich solche Sachen. Ich werde noch davon erzählen.

Bruno Kreisky – der Politiker? Als sein 100. Geburtstag gefeiert wurde, hatte sich dies zu einem veritablen Hype entwickelt; Kreisky da, Kreisky dort, Kreisky überall. Wie man ihn seinerzeit verabschiedet hatte, davon ist nicht oder jedenfalls nicht sehr viel gesprochen worden. Man hat die Vergangenheit verklärt, und sie war, was die österreichische Sozialdemokratie betrifft, tatsächlich verklärenswert. Kreisky ist als Nachfolger von Bruno Pittermann in einer »Kampfabstimmung« nach der Wahlniederlage von 1966 gewählt worden. Zweiter Kandidat war Hans Czettel, damals Innenminister. Als Dritten hatten die Parteitagsdelegierten Karl Waldbrunner auf dem Stimmzettel gefunden. Kreisky ist Vorsitzender geworden. Jahre später, als laut »Presse«-Statut in der Redaktion über meine Nominierung als neuer Chefredakteur und Nachfolger von Otto Schulmeister votiert wurde, erhielt ich zwei Drittel der Stimmen. Als ich, wie es sich damals gehörte, dem Regierungschef meinen ersten Besuch abstattete, fragte mich Kreisky nach meinem Wahlergebnis.

»Zwei Drittel? Die hab' ich auch bekommen – damals, 1967«, schmunzelte der Bundeskanzler und SPÖ-Chef.

Er war durchaus bereit, Journalisten gelegentlich einen kurzen Blick hinter die Kulissen jener Politik zu gewähren, die er dreizehn Jahre lang gestaltete. An einige dieser Gelegenheiten kann ich mich erinnern. Da war etwa ein Mittagessen Anfang 1971, zu dem Schulmeister und ich den Bundeskanzler ins »Sacher« gebeten hatten. Kreisky hatte mit Duldung der Freiheitlichen unter Friedrich Peter 1970 nach seinem Wahlsieg eine Minderheitsregierung gebildet. In den politischen Zirkeln und vor allem auch in den Redaktionen rätselte man, wie lange diese Regierung wohl halten würde. Wir »politisierten« während des Essens, aber wir dachten nicht daran, den Kanzler zu fragen, wann es zu Neuwahlen kommen werde. Es mag unprofessionell gewesen sein, aber wir meinten, dass wir ohnehin keine schlüssige Antwort bekommen würden.

Genau einen Tag später brachte Kreisky den Neuwahlantrag ein. Tableau! Ich erlaubte mir, im Büro des Kanzlers anzurufen, und wurde sofort verbunden. Warum er uns am Vortag des Neuwahlantrags nichts von seiner Absicht gesagt habe? »Sie haben mich ja nicht gefragt«, sagte Kreisky am Telefon und fast konnte ich das Schmunzeln hören.

In der Tat: Die Art, wie der »Journalistenkanzler« – man hat ihn gelegentlich auch den »Sonnenkanzler« genannt – die Journalisten gleichsam am Gängelband hatte, war unübertroffen. Immer wieder tat er so, als ob er Einzelne ins Vertrauen zöge. Als ich der Chef der Innenpolitik wurde, ehrte er mich mit einer Mittagseinladung in sein Haus in der Armbrustergasse. Es gab – ich kann mich noch genau daran erinnern – Nudelsuppe und anschließend einen Tafelspitz. Vielleicht hat Kreisky an Franz Joseph Maß genommen – er saß, wie Heinz Fischer schrieb, im Ministerrat stets unter einem Bild des jungen Kaisers.

Kreisky wollte damals offenbar nicht über Politik plaudern, sondern über Bücher. Er lese gerne, sagte er. Auch ein Politiker müsse sich dazu Zeit nehmen. Und dann kam eine Bemerkung, die mir gleichfalls bis heute im Gedächtnis geblieben ist: Ein Politiker müsse es sich leisten könne, gelegentlich Muße zu haben. Kreisky konnte es sich offenbar leisten.

Er glaubte aber, sich einen Punkt nicht leisten zu können. Er nannte ihn, als wir zusammen in einem Restaurant saßen (politische Business-Lunches gehören zu den gesundheitsschädlichsten Aktivitäten von Chefredakteuren). Es war die Zeit, da es in der Hofburg eine Sedisvakanz gab, und ich wollte von Kreisky wissen, ob er nicht Interesse habe, die Position des Regierungschefs mit der des Staatsoberhaupts zu tauschen. Kreisky verneinte. »Das kommt nicht infrage«, sagte er. »Es ist den Österreichern zumutbar gewesen, einen Juden als Bundeskanzler zu haben. Aber einen jüdischen Bundespräsidenten? Das ist vorläufig noch nicht möglich in diesem Land!« Ich habe diese Bemerkung in einem gefilmten Statement wiederholt. In dem Streifen sind auch andere Kreisky-Zeitgenossen zu Wort gekommen, er ist anlässlich des Festakts zum 100. Geburtstag gezeigt worden. Ich habe ihn deswegen vor der Kamera wiederholt, weil er mir so typisch schien für diesen Politiker, der, wie erwähnt, Österreich auf die Weltkarte zu zaubern verstand.

Und dies, obwohl er meiner Meinung nach zwei schwere Fehler begangen hat. Der erste Fehler war ein politischer. Um der Volksabstimmung über das Atomkraftwerk Zwentendorf mehr Nachdruck zu verleihen, kündigte er an, sein politisches Schicksal mit einem »Ja« zu verbinden. Ein »Nein« würde seinen Rücktritt zur Folge haben. Die Abstimmung ging um Haaresbreite an dem »Ja« vorbei, aber Kreisky trat natürlich nicht zurück, sondern forderte von seiner Partei freie Hand für künftige Maßnahmen – dann würde er bleiben. Und so kam es auch.

Der zweite Fehler war ein persönlicher. Ihn hier ausführlich zu erzählen, wäre Platzverschwendung. Kreisky hasste Wiesenthal, den »Eichmann-Jäger«. Das ging so weit, dass der Bundeskanzler ein Magazin zum Titel »Ich bin kein Jude mehr« verführt hatte, was sich allerdings nachher als eine missverständlich interpretierte Aussage herausstellte. Ich war damals Vorsitzender des »Presserats«, der Wiesenthal anhörte. Ursache und Verlauf der Sitzung ist mir nicht mehr in Erinnerung, wohl aber eine Erklärung Wiesenthals, warum er auf seinem Schreibtisch drei Fächer liegen habe, die mit Buchstaben versehen seien: E, A, M. Er klärte uns auf: »E für Ein, A für Aus, M für Meschugge.« Das war er, der Wiesenthal.

Kreisky hatte tatsächlich ein sehr ambivalentes bis gestörtes Verhältnis zum Judentum. Mir gegenüber sprach er von der »Haute Juiverie«, zu der er sich offenbar zählte, und er verwendete im Zusammenhang mit Israel gelegentlich das Wort »mies«. Dafür hatte er gute Beziehungen zu den arabischen Staaten. Als Muammar al-Gaddafi zu Besuch war, durfte ich diesem sogar die Hand drücken. Das ist freilich lange her …

War es ein weiterer Fehler, dass Kreisky sich nicht vehementer, als er dies ohnehin tat, gegen die sogenannte Fristenlösung gestemmt hat? Dieser Teil der Strafrechtsreform hat, wie man weiß, zu einem lang anhaltenden Zerwürfnis mit der katholischen Kirche geführt, und zwar zu einer Zeit, da der Vorsitzende der SPÖ und jener der Bischofskonferenz, Kardinal Franz König, frühere Auseinandersetzungen hatten aus dem Weg schaffen können. Die Straffreiheit des Schwangerschaftsabbruchs sollte noch lange Zeit »schwelen«, und der Bundeskanzler hat dies geahnt. Er hat unter anderem vor allem Heinz Fischer ins Vertrauen gezogen. Ich werde das Problem noch ausführlicher erörtern.

Noch einmal: Es ist müßig, das politische Pro und Kontra des Bruno Kreisky hier abzuhandeln. Es ist bekannt, Bücher sind darüber geschrieben worden, er selbst hat Memoiren verfasst.

Aber über den Menschen Kreisky ist viel zu sagen. Manches habe ich selbst erlebt. Die Präzision seiner Gedanken etwa. Er hatte eine Eigenschaft, derer sich nicht allzu viele Politiker rühmen können und die doch so wichtig zu sein scheint für dieses Geschäft. Er hatte ein messerscharfes Gedächtnis.

Dies bekam ich höchstpersönlich mit. Vor mehr als dreißig Jahren übersiedelte ich und schickte eine Anzeige meiner neuen Adresse – Walfischgasse – ans BKA. Ich nahm an, dass sein Büro dies ad notam nehmen würde, ohne ihn selber damit zu belästigen. Weit gefehlt: Ein paar Monate später fragte mich Kreisky bei einem Empfang in der deutschen Botschaft: »Na, wie geht's in der Walfischgasse?« Er hatte sich nicht nur die Anzeige zeigen lassen, sondern sich sogar die neue Adresse gemerkt.

Ein solches Gedächtnis zeigte Kreisky auch bei anderen Gelegenheiten. Bei einem Abendessen in der amerikanischen Botschaft, damals von Helene van Damm geleitet, durfte ich am Kanzlertisch Platz nehmen. Es war eine »Black Tie Occasion«: Für Herren war Smoking vorgeschrieben. Es war übrigens jener Abend, an dem Norbert Steger, FPÖ, in Missverständnis der Einladung eine schwarze Krawatte umgebunden hatte. Sei's drum.

Wir plauderten über einen neuen TV-Film, den auch Kreisky (siehe Muße) gesehen hatte. Die Botschafterin klopfte ans Glas, alles verstummte, Helene van Damm begrüßte den Regierungschef und auch dieser erhob sich, um eine kurze Ansprache zu halten. Dann setzte er sich, wandte sich an seine Tischgesellschaft und fuhr in dem Satz fort, den er unterbrochen hatte. Er erzählte weiter von dem Fernsehfilm.

Es war natürlich nicht immer leicht, Bruno Kreisky zu interviewen. Auch bei Journalistengesprächen, die eindeutig den Charakter des »off the record« trugen, konnte man irren. Ich erinnere mich, als Kreisky uns allen bei einer dieser Gelegenheiten eingeschärft hatte, die Angelegenheit – ich weiß nicht mehr welche – ja nicht zu publizieren. Wir alle hielten uns daran. Tags darauf im Parlament war Kreisky fast ungnädig: »Warum hat denn niemand geschrieben, was ich gesagt habe?«, fragte er. Den Hinweis, es sei doch »off the record« gewesen, tat er mit einer fast verächtlichen Handbewegung ab.

Aber er war dann wieder mehr als gnädig, als ich ihm in seine

Urlaubsresidenz in Badgastein nachfuhr, um eines der berühmten »Sommergespräche« zu ergattern. Er lud mich zum Familiendinner ein, streichelte seinen Boxer, der unter meinem Sessel schlafen wollte, und erzählte. Er gab nichts von politischen Geheimnissen preis, aber er deckte doch seine Pläne auf. Ich machte keine Notizen, weil sich dies nicht gehört, wenn man am Familientisch speist. Ich schrieb tags darauf das Interview aus dem Gedächtnis.

Eine Woche später – es war wieder im Parlament – kam Kreisky auf mich zu und sagte: »Ich hab gelesen, was Sie geschrieben haben!« Ich fürchtete schon das Ärgste: »Hat am Ende etwas nicht gestimmt?« Kreisky schüttelte den Kopf. »Nein, es war alles richtig. Aber Sie haben sich doch keinerlei Notizen gemacht!« Als ich meinte, das sei eben die Routine eines Politikreporters, staunte er.

Hatte er mich ins Vertrauen gezogen, der Medienkanzler? Ich erinnere mich an eine Beschwerde: Helmut Schmidt, nicht mehr Bundeskanzler, bekomme für einen Vortrag so viel in D-Mark, wie er, Kreisky, in Schilling erhalte, sagte er einmal. »Sieben Mal so viel wie ich? Ist Schmidt das wert?«, fragte er erbittert. Und warum er auf Urlaub nach Mallorca fahre, ist seinerzeit weidlich kolportiert worden: »Kärnten ist mir zu teuer!«

Immer wieder war der Kanzler mir gegenüber, nun, sagen wir, offenherzig. Als die Schoeller-Bank einmal in Schwierigkeiten kam, zeigte er sich bestürzt. Ein Gesellschafter des Hauses, Johann Georg Hoyos, hatte sich in Millionenhöhe verspekuliert. Die Eigentümer des Geldinstituts mussten einen Teil ihres »Familiensilbers« verkaufen, Aktienpakete, um die Bank nicht ins Gerede zu bringen.

Kreisky bewies damals, dass er keine Scheu hatte, Aristokraten zu helfen – hatte er doch schon in sein Außenministerium etliche Träger von Adelsprädikaten aufgenommen. Hoyos war Schlossherr – na und? Solange er etwas zu sagen habe, werde ein privates Geldinstitut nicht untergehen, sagte er zu mir. Eine Privatbank sei auch in seinen Augen – also sprach der Vorsitzende der sozialdemokratischen Partei des Landes – genauso unersetzlich wie eine verstaatlichte.

In der Tat zeigte er sich gelegentlich persönlich betroffen. So etwa, als die »Arbeiter-Zeitung«, damals wie ehedem Zentralorgan der SPÖ, ansetzte, ihren letzten Kampf zu führen. Schon war da und dort von Einstellung die Rede. »Kommt nicht infrage«, sagte Kreisky in einem der Gespräche mit dem Leiter der »Presse«-Innenpolitik, der ich damals war. »Es darf nicht heißen: Gegründet von Victor Adler, eingestellt von Bruno Kreisky.« Sie ist dann doch gestorben, diese von uns allen in der Branche bis zuletzt sehr geschätzte »Arbeiter-Zeitung«.

Habe ich wirklich mit dem damaligen Regierungschef eine besondere Beziehung gehabt? Oder war ich nur einer von vielen, die er abwechselnd ins Vertrauen zog, um sie denken zu lassen, dass sie etwas Besonderes seien? Er erkundigte sich einmal, wo genau in Pernitz mein Wochenendhaus liege. Er wolle, sagte er, seinen Freund Dr. Grimm, damals unter anderem Syndikus der Creditanstalt, besuchen – und der wohne nicht weit davon entfernt.

Und siehe, ein Auto – es war nicht der bekannte Rover, in dem sich Kreisky gerne chauffieren ließ – hielt an diesem Sonntag vor der Tür. »Wo wohnt da der Chorherr?«, hatte sich der Regierungschef bei Nachbarn erkundigt. Seither ist dort mein Ansehen ins Unermessliche gestiegen. Und dann blieb er eine Weile bei uns, erkundigte sich – es war ein Wahltag im Burgenland – immer wieder telefonisch nach dem Stimmenstand, trank Kaffee und verabschiedete sich nach etwa zwei Stunden. Meine Schwiegermutter, eine in der Wolle gefärbte Sozialistin, rief: »Freundschaft!« Kreisky lachte: »Aber, aber!« und stieg ins Auto.

Im Oktober 1983 nahm er schließlich Abschied von seiner Partei. Fred Sinowatz wurde sein Nachfolger. Heinz Fischer, heute Bundespräsident, hat mitverfolgt, dass die SPÖ mit Kreisky zuletzt so umgegangen ist, wie es offenbar in der Politik üblich ist. Nur in der österreichischen? Wenn ein Denkmal Sprünge zeigt, pinkeln es die Hunde an.

In der heimischen Innenpolitik scheint diese Art des Abschieds besonders oft und drastisch der Fall zu sein. Da kann es dann auch vorkommen, dass der oder die Betreffende (Betroffene?) an gebrochenem Herzen stirbt.

Ich erinnere mich an ein Zusammentreffen mit Robert Graf in der »Grotta Azzurra«, die es damals noch gab. Er hatte dort einen Stammtisch. Das war Ende Juni 1989, wenige Wochen nach seinem Ausscheiden als Wirtschaftsminister. »Robby« Graf fragte mich, ob die Amerikaner diesmal nicht, wie es doch in der Vergangenheit alljährlich die Übung war, einen »4th of July«-Empfang in der Botschafterresidenz veranstalten würden. Ich war überrascht, da ich die Einladung dazu schon vor geraumer Zeit erhalten hatte. Ich sagte es dem Ex-Minister, er nahm es zur Kenntnis. Die Amerikaner hatten ihn, da nicht mehr im Amt, unverzüglich von der Liste gestrichen. Ich habe später lange darüber nachgedacht, ob auch dieser österreichische Spitzenpolitiker, der keiner mehr war und dann nach langem Koma verstorben ist, an dem erwähnten gebrochenen Herzen gelitten hat. Ein anderer prominenter ÖVP-Parlamentarier hat kurzen Prozess gemacht. Als ihn seine Partei nicht mehr aufstellte, stürzte er sich aus dem Fenster.

Hat auch Bruno Kreisky »Herzweh« gehabt? Ihm ist es so gegangen, wie es in einem amerikanischen Spruch heißt: »Old soldiers never die, they just fade away.« Kreisky ist am Ende dahingedämmert und schließlich verschwunden – vielen der Jungen auch aus dem Gedächtnis. Heinz Fischer schildert es in seinem Buch »Die Kreisky-Jahre«:

»Viele haben die Entfremdung bedauert (und nur schwer verstanden), die in weiterer Folge zwischen Bruno Kreisky und verschiedenen Repräsentanten ›seiner Partei‹ entstanden ist.

Ich kann es auch nicht bis in alle Facetten erklären, aber es war offenbar die Sorge um seine Partei, für die er als junger Mann ins Gefängnis gegangen ist und der er sein ganzes Leben gewidmet hat, die Bruno Kreisky jetzt nicht zur Ruhe kommen ließ, und vielleicht auch ein Mangel an Wärme und Zuwendung. Wahrscheinlich ist der Unterschied zwischen dem Umgang der Gesellschaft mit den Erfolgreichen, Starken und Mächtigen und mit Alter, Krankheit und Niederlage ein eigenes Kapitel. Und so konnte er nicht einfach still sitzen und zuschauen. Er wollte und musste sich einmischen – auf seine Art.«

Man gab vor, das Negative vergessen zu haben, als sein 100. Geburtstag gefeiert wurde. Und jetzt ist er wieder in der Versenkung verschwunden. Hinter die Kulissen der Politik zu schauen, heißt auch, einen Blick auf den politischen Anstand zu werfen, der sich hinter diesen Kulissen verbirgt. Bisweilen ist er nur in Resten vorhanden. Aber dieses Problem ist, wie es so schön heißt, parteiübergreifend. Ich muss das feststellen, auch was Bruno Kreisky betrifft – trotz Klüften der politischen Zielvorstellungen.

Roter Banker im Nadelstreif?

Franz Vranitzky und Wallensteins Lager

Er ist nur selten zurückhaltend gewesen, der oftmalige ORF-Chef Gerhard Bacher. Einer seiner meiner Meinung nach denkwürdigsten Sätze ist in einem Interview gefallen, das vor der Wahl des neuen Rundfunk-Generaldirektors in der »Presse« stand. Der Unterschied zwischen Zeiler (den Bacher damals als ORF-Chef vorgezogen hätte) und Wrabetz sei etwa so, als ob man Kreisky mit Faymann vergleichen wollte.

Das mag bösartig gewesen sein, aber so ist er eben, der Bacher. Ich aber, ohne bösartig sein zu wollen, gehe in meiner vergleichenden Qualifikation noch einen Schritt weiter. Was heißt Nostalgie? Die Antwort wird von vielen prompt geliefert und bezieht sich gar nicht einmal auf einen Vergleich mit dem längstdienenden Regierungschef der Zweiten Republik. Er lautet ganz einfach: Nostalgie ist, Werner Faymann zu hören und zu sehen und an Franz Vranitzky zu denken. Man hätte auch Alfred Gusenbauer sagen können. Aber der war nicht so lange im Amt.

»Aufstieg und Fall eines Schönwetterkanzlers« lautete der Titel eines im Januar 1997 erschienenen Artikels in der »Welt«. Gewiss keine linksliberale, kaum eine liberale Zeitung. Und auch der Autor des Berichts, Carl Gustaf Ströhm, war ein Konservativer. So betrachtet, ist es nur natürlich gewesen, dass in seinem Abgesang der Vranitzky-Ära nur das Negative geschildert worden ist. Ströhm im Originaltext:

»Seit er 1986 das Ruder in die Hand nahm, ist die Zahl der sozialdemokratischen Parteimitglieder von 700 000 auf 400 000 geschrumpft. Während Bruno Kreisky nach der letzten von ihm geschlagenen Wahl

1983 den Abschied nahm, weil der ›nur‹ 47 Prozent erreicht und die gewohnte absolute Mehrheit um ganze drei Prozent verfehlt hatte, sank der SPÖ-Stimmenanteil unter Vranitzky zuerst auf 43, dann auf 35 Prozent und ist jetzt gefährlich nahe an der 30-Prozent-Grenze angelangt. Die SPÖ verlor unter ihm ihre absolute Mehrheit im ›roten‹ Wien.«

Das stimmt und es mag sein, dass es auch »sitzt«, wie man gemeinhin sagt. Dass aber Carl Gustaf Ströhm die politische Entwicklung Österreichs in Momentaufnahmen geschildert hat, ändert das Bild. Und wenn es heißt, dass Hochmut vor dem Fall komme und dass auch der alte Wiener Spruch ein Wahrwort sei, der da verkündet: »Wärst net aufegstiegn, wärst net obagfalln!«, muss man von Rechts wegen richtigstellen: Von Hochmut habe ich bei Vranitzky nichts gemerkt.

Ich halte ihn vielmehr für einen der klügsten Regierungschefs der letzten Jahrzehnte. Und ich darf auch diesmal, jetzt schon so oft, das Menschliche hinter den Kulissen der Politik zutage fördern. Vranitzky: Das bringt mir besonders einen Abend in Erinnerung, an dem ich den Bundeskanzler telefonisch zu erreichen versuchte. Es gelang nicht, er sei unterwegs, hieß es im Sekretariat. Lange nach Redaktionsschluss rief mich Vranitzky dann an, mit den Worten: »Wallensteins Lager!« Und dann: »Spät kommt Ihr, doch Ihr kommt!« Abseits von jeder politischen Frage musste ich verbessern: »Das ist nicht ›Wallensteins Lager‹, sondern der Anfang von ›Die Piccolomini‹!« Er: »Wetten wir?« Ich: »Gut, wetten wir!« Er: »Worum?« Ich: »Um eine Flasche guten französischen Rotwein.«

Ich weiß nicht, um welche politische Frage es an diesem Abend noch gegangen war. Ich weiß nur, dass ein paar Tage später ein Chauffeur des Bundeskanzleramtes aufkreuzte und mir eine Holzkassette mit einem kostbaren Burgunder samt Brief überreichte. Er gratuliere mir zur genauen Kenntnis der klassischen Dichter, schrieb der Regierungschef.

Auch das war Vranitzky. Er ist gebildet, auch wenn er mir in seinen »Erinnerungen« vorwirft, ich hätte sein wienerisches »L« fälschlich auf Floridsdorfer Wurzeln zurückgeführt, wo er doch in

Meidling aufgewachsen sei. Ich war dabei, als er aufgrund von Buchrezensionen der »Presse« seine Sekretärin bat, ihm einige von den dort kritisierten Bücher zu besorgen. Dafür, dass er nach seinem Ausscheiden aus der Regierung erklärte, er werde nun seinen Weinkeller in Ordnung bringen, habe ich vollstes Verständnis.

Vranitzky, der Sozialist im Nadelstreif. Der Banker, der zuerst Finanzminister und dann Bundeskanzler wurde. Der österreichische Regierungschef, der sich nicht scheute, im Parlament eine nachher viel und positiv zitierte Erklärung abzugeben, in der es hieß:

»Es gibt eine Mitverantwortung für das Leid, das zwar nicht Österreich als Staat, wohl aber Bürger dieses Landes über andere Menschen und Völker gebracht haben … Wir bekennen uns zu allen Taten unserer Geschichte und zu den Taten aller Teile unseres Volkes, zu den guten wie zu den bösen; und so wie wir die guten für uns in Anspruch nehmen, haben wir uns für die bösen zu entschuldigen – bei den Überlebenden und bei den Nachkommen der Toten.«

Vranitzky hat sich um das Image seines Landes gekümmert, als man Bundespräsident Waldheim während seiner Amtszeit nicht im westlichen Ausland empfing. Er hielt viel von seinem Vorgänger Sinowatz, der ihn zum Leiter des Finanzressorts gemacht hatte – im Verlauf eines regierungsinternen Köpferollens, das man in den Redaktionen auch als »Nacht der langen Messer« bezeichnete. Die Namen, die damals aktuell waren, sind freilich teilweise nur noch in Geschichtsbüchern zu lesen. Da ist etwa Elfriede Karl gewesen (nicht mit der »schwarzen« Beatrix zu verwechseln), die als Familienministerin ihren Posten für Gertrude Fröhlich-Sandner räumen musste. Da hat Ferdinand Lacina den Verkehrsminister Karl Lausecker ersetzt; dieser hat mir gegenüber nachher sein Unverständnis für diesen Schritt ausgedrückt. Gratz wurde statt Lanc Außenminister, der Salzburger Herbert Moritz folgte als Unterrichtsminister Zilk nach, der Wiener Bürgermeister wurde. Es hat dann noch ein gemeinsames Mittagessen gegeben. Die Stimmung sei mühsam gewesen, erzählte Vranitzky.

Ist er »abgehoben« gewesen, introvertiert, nicht burschikos, wie es österreichische Politiker gerne sind? Er hat sich jedenfalls mit denen nicht allzu gut verstanden, die auf der Popularitätswelle zu schwimmen glaubten. So etwa stimmte die Chemie zwischen ihm und Michael Häupl nicht. Als der Wahlgang vom 9. Oktober 1996 für die SPÖ schlecht ausging, was schließlich im Januar 1997 zum Ausscheiden Vranitzkys führte, soll der Wiener Bürgermeister seine Zufriedenheit nicht verborgen haben. Es seien Sätze wie jener von der Rückkehr der Wärme in der Partei gefallen. Ich meine, dass Vranitzky ganz einfach zu gescheit für Häupl war. Er lehnt alles ab, was irgendwie mit »Haberei« zu tun haben könnte, mit Kumpelhaftigkeit – vor allem auch, wenn es sich um die Beziehungen von Politikern mit Journalisten handelt. Diese Haberei, diese Überstrapazierung des Du-Worts (»Pack schlägt sich, Pack verträgt sich«, kommentiert Vranitzky in seinen »Erinnerungen«) fällt auch außerhalb der politischen Arena jenen auf, die zu zweifeln beginnen, ob in solchen Fällen die Objektivität der Berichterstattung noch gewahrt bleiben kann. Dies gilt vor allem dann, wenn Interviewer ihre Interviewpartner vor Mikrofon und Kamera per Du ansprechen. Der Verdacht des »Verhabertseins« ist dann nicht leicht von der Hand zu weisen. Dies fällt vor allem dann auf, wenn Sportler von Sportreportern befragt werden. Da sind sie natürlich alle per Du – und das ist da noch einigermaßen verständlich. Kritischer wird es, wenn Personen aus dem Kulturleben mit den Interviewern oder Interviewerinnen auf dem Du-Fuß stehen. Das gefällt mir nicht – und etlichen anderen auch nicht. Andererseits muss ich jenen Kollegen vor allem vom Fernsehen Lob spenden, die ein Mitglied ihrer eigenen Redaktion nach der Rückkehr von einem »Hotspot« der Welt befragen. Da ist das »Sie« gang und gäbe. Und das gefällt mir wieder.

Zurück zu Franz Vranitzky. Zurück auch zur »Welt« und Carl Gustaf Ströhm. Der Bundeskanzler sei ursprünglich von den Medien »gehätschelt« worden, schrieb er nach dessen Ausscheiden aus dem Amt. Nachher aber, so Ströhm, sei die SPÖ zur Mittelpartei abgesunken. Haben wir Vranitzky gehätschelt? Gewiss war da ein gewaltiger Unterschied zwischen ihm und seinem Vorgänger Sinowatz. Dass er zum Regierungs- und Parteichef wurde, sei ein »Symptom der Unsicherheit« gewesen, behauptet der deutsche Beobachter österreichischer Interna. Er hat gewiss in einem Punkt recht: dass Sinowatz »in seiner äußeren Erscheinung das genaue Gegenteil des stets eleganten Vranitzky war«. Und Sinowatz habe die offenbar richtige Idee gehabt, »dass ein gut aussehender, telegen und energisch wirkender Mann wie der damalige Finanzminister und ehemalige Bankdirektor der Richtige wäre, um das drohende Debakel von der österreichischen Sozialdemokratie abzuwenden«.

Sinowatz war tatsächlich das Gegenteil von Vranitzky. Ich habe ihn einmal, als er Unterrichtsminister war, am Minoritenplatz besucht. Er fragte zuerst, was ich trinken würde. Ich bat um Kaffee, was ihn bitter enttäuschte. Es wurde gleich zu Beginn des Gesprächs ein guter burgenländischer Weißer. Jahre später – seine Frau war bereits gestorben und er ist eigentlich nie darüber hinweggekommen – statteten meine Frau und ich dem Altkanzler in seinem Haus in Neufeld einen kurzen Besuch ab. Schon in seiner Amtszeit war er allabendlich zurück ins heimatliche Burgenland gefahren, weil er, wie er sagte, nur in seinem eigenen Bett richtig schlafen könne.

Er hat mir damals einige seiner Bücher gezeigt und wir sind dann im benachbarten Gasthaus eingekehrt. Er war sehr alt geworden. »Herr Bundeskanzler« nannte man ihn rundum. Einige Monate später ist er gestorben – vielleicht nicht der beste, aber einer der ehrlichsten und saubersten Politiker der Republik.

Ist Franz Vranitzky einer der Besten in der Riege der österreichischen Regierungschefs gewesen? Er hat zusammen mit Alois Mock dieses Land in die Europäische Union geführt; auch heute noch nennt er dies den größten Erfolg seiner Kanzlerschaft. Gewiss hat er auch Niederlagen einstecken müssen, und nicht zu knapp. Nach der sechsjährigen Amtszeit Kurt Waldheims hat er Rudolf Streicher, damals Verkehrsminister, zu »seinem« Präsidentschaftskandidaten gemacht. Dieser war so siegessicher, dass er mir bereits erklärte, welcher Teil der Mitarbeiter seines Büros mit ihm in die Präsidentschaftskanzlei übersiedeln würde. Es kam anders. Streicher gewann im ersten Wahlgang, unterlag im zweiten dann aber dem Diplomaten Thomas Klestil.

Und da ist noch eine andere Niederlage, eine, die mir besonders ans Herz ging. Unter der »Regentschaft« Vranitzkys ist die »Arbeiter-Zeitung« gestorben, nach mehr als hundert Jahren, und an Auszehrung. Ich habe berichtet, dass ich meine Sehnsucht, Journalist zu werden, seinerzeit ihrem damaligen Chefredakteur Pollak erzählt hatte. Im Haus des »Vorwärts«-Verlags hatte ich später meinen ersten Redakteursjob bei der »Weltpresse«, erhalten. Dass mich der Tod der »Arbeiter-Zeitung« (jawohl, auch Zeitungen können sterben, nachdem sie in Agonie gelegen sind) auch persönlich getroffen hat, bitte ich unter diesen Umständen zu verstehen. Bruno Kreisky hat dieses Ende, wie ich erzählt habe, noch hinauszögern können.

Vranitzky jedenfalls kann man das Ende des Zentralorgans der SPÖ sicher nicht anlasten. Wohl aber kann ich nicht umhin, kurz auf jene politische, aber vor allem auch persönliche Entwicklung einzugehen, in der Vranitzkys Vorgänger in der Himmelpfortgasse eine Hauptrolle spielte: Hannes Androsch. Seine Kontroverse mit Bruno Kreisky ist längst Teil der jüngeren Geschichte der Republik Österreich. Nicht so bekannt ist die unüberbrückbar gewordene Gegnerschaft, ja Feindschaft zwischen Vranitzky und seinem Vorgänger, der ursprünglich sein Chef im Finanzministerium gewesen war. In seinen »Erinnerungen« schildert der spätere Bundeskanzler, Androsch habe *»die zu Beginn seiner Ministerkarriere intakten Chancen, die Nummer eins im Palais am Ballhausplatz zu werden, zu einem Gutteil selbst verspielt. Wie etlichen seiner Äußerungen zu entnehmen, gesteht er das nicht ein und verneint die Kanzlerambitionen, die er vor Jahren hatte. Soll von ihm so gesagt worden sein, es trifft nur eben nicht zu.«*

Vranitzky, der Bundeskanzler, versus Androsch, den Nicht-Bundeskanzler, aber späteren erfolgreichen Industriellen. Die Konstellation war möglicherweise empfindlicher als jene Kreisky versus Androsch. Vranitzky zitiert als Beweis in seinen Erinnerungen eine Bemerkung, die Androsch mir gegenüber in einem Gespräch fallen ließ und die ich in meinem Buch »Die roten Bürger« notiert habe: Vranitzky habe sich »mit seiner Familie Allüren geleistet wie ein zentralafrikanischer Potentat«. Ich habe nicht geschrieben, dass Androsch sich in einem anderen Fall nicht weniger wütend gezeigt hatte. Als er zu irgendeiner Vranitzky-Festivität nicht geladen war, fauchte er: »Und der war vorher mein Aktentaschenträger!« Das ändert freilich nichts an der Tatsache, dass Androsch, als er nach dem Ausscheiden aus der Regierung Kreisky der Generaldirektor der Creditanstalt war, einer der tüchtigsten, erfolgreichsten und angenehmsten Chefs gewesen sein soll. Noch heute schreibt er dem »Herrn Chefredaktor«, wie er mich zu nennen pflegt, alljährlich eine Geburtstagskarte. Und ich freue mich darüber.

Vranitzky hatte in der Causa Androsch allerdings nichts weniger als einen Grund zur Freude. Alle Vermittlungsversuche gemeinsamer Freunde hätten nichts gefruchtet. Und auch er habe keine Versuche der Normalisierung unternommen.

»Warum nicht? Weil ich in der ganzen Bandbreite meiner Erfahrungen … keine auch nur irgendwie nachvollziehbare Rationalität, sondern immer wieder nur einen dumpfen Verschwörungskomplex vorfand. Daher versagte ich mir selber den negativen Luxus, mich mit Thema und Person weiter zu beschäftigen.«

Es ist anzunehmen, dass das Gleiche auch für Hannes Androsch galt, als Franz Vranitzky sich nach der letzten SP-Wahlniederlage am 9. April 1997 endgültig vom Bundesparteitag verabschiedete. Bundeskanzler und Parteiobmann war nun Viktor Klima. Vranitzky konnte einen letzten Triumph verzeichnen:

»Die Delegierten bereiteten mir einen überwältigenden und nicht enden wollenden Applaus. Ich weiß nicht, wie lang ich auf der Konferenzsaalbühne stand und für die Ovationen dankte. Schließlich ging ich durch

die Reihen, schüttelte die dargebotenen Hände und hatte da und dort Mühe, meine Bewegung im Zaum zu halten.«

Und Klima? Er war Vranitzkys »Nachredner«. Vranitzky erinnert sich weiter:

»Die Situation entbehrte nicht des Grotesken: hier die stehend applaudierenden Delegierten, dort der einsame Kämpfer dagegen am Rednerpult. Das ging Minute um Minute so weiter, bis der Beifall langsam abebbte und schließlich zu Ende ging. Niemand hatte von den ersten paar Seiten der Rede Klimas, die im Übrigen inhaltlich trefflich war, etwas mitbekommen. Dem Wahlergebnis – fast 95 Prozent für den neuen Vorsitzenden – tat das freilich keinen Abbruch.«

In der Tat: Hinter den Kulissen der Politik findet man immer wieder Menschliches, allzu Menschliches. Das Dreieck Kreisky–Androsch–Vranitzky ist eines der vielen Beispiele, die den Journalisten Zugang zum Wesen der Akteure ermöglichen. Was vor den Kulissen geschieht, ist bekannt. Was aber dahinter passiert, scheint von nicht minder großem Interesse. Man muss, um es zu berichten, nicht den fraglichen Ehrentitel eines »Aufdeckers« tragen.

Die Herren in der Hofburg

Wie ich mit den Staatsoberhäuptern zurechtkam

Am Anfang sah ich die barocke Zimmerflucht im ersten Stock des kaiserlichen Palastes nicht, sondern eine Villa auf der Hohen Warte im 19. Wiener Gemeindebezirk. Die Präsidentenvilla. Es gibt sie nicht mehr, das jüngste Oberhaupt der Republik wohnt in der Josefstädter Straße. Zwischenbemerkung: Auch Adolf Schärf hat, als er Bundespräsident war, seine alte Wohnung in der Skodagasse nicht aufgegeben. Mit ihm hatte ich nie etwas zu tun, ich war damals ein Frischling im Journalistengewerbe. Das erste Mal war ich mit einem Kollegen auf der Hohen Warte zu Gast, als Franz Jonas sich für die Wahl zur zweiten Amtsperiode rüstete.

Es war mein erster direkter Kontakt, vorher war ich über ihn nur durch die zahllosen Witze informiert, die in Wien und vor allem in den Zeitungsredaktionen kursierten; sehr zu Unrecht, wie ich wusste. Jonas war zurückhaltend, vor allem auch im Verkehr mit Journalisten. Dabei kam er aus einem verwandten Gewerbe, verwandt jedenfalls zu der Zeit, da er Präsident war. Noch waren die Setzmaschinen nicht außer Betrieb und Franz Jonas ist Schriftsetzer gewesen. Er hat sogar (wer weiß das noch?) eine österreichische Briefmarke entworfen. Da ich Philatelist bin, habe ich sie noch immer im Steckbuch.

Es gab, wie ich mich erinnere, eine Schokoladetorte, von der Gemahlin des Staatsoberhaupts serviert, und einen Kaffee. Das Gesprächsthema war die Wiederwahl, es waren eigentlich nur Floskeln, es ging uns, und offenbar auch ihm, um das Image. Es war das eines einfachen Staatsbürgers. Und so sollte es auch sein.

Franz Jonas starb 1974 während seiner zweiten Amtsperiode.

Noch als er in den letzten Zügen lag, wurde bereits das Arrangement für die Trauersitzung im Parlament besprochen. Und als er noch lebte, hat man die Nachfolge diskutiert. Eine Reihe von »roten« Spitzenpolitikern wären, hieß es, infrage gekommen, darunter etwa auch Anton Benya und natürlich auch Bruno Kreisky himself. Es war, wie ich schon berichtete, in jenen Tagen, als ich ihn fragte, warum er nicht kandidieren wolle – die Wahl wäre für ihn eine glatte Sache gewesen. Kreisky wollte nicht, und zwar, wie er meinte, aus guten Gründen.

Aber er hatte seinen Kandidaten bereits gleichsam im Ärmel. Es war Außenminister Rudolf Kirchschläger, ehemals ÖVP-Mitglied, dann unter anderem Botschafter in Prag. Er erlebte dort den »Prager Frühling« und klagte mir gegenüber einmal, dass man seine Berichte in der Zentrale in Wien anfangs, wie er meinte, nicht sehr ernst genommen habe. Das hat, wie ich anderwärts erfuhr, nicht gestimmt. Erst als die Botschaft Asylanten aufnahm, soll den Meldungen Gehör geschenkt worden sein.

Rudolf Kirchschläger war überzeugter Katholik. Als die sozialdemokratische Alleinregierung den Beschluss über die Fristenlösung fasste, soll er den Ministerratssaal zeitweilig verlassen haben, um die verlangte Einstimmigkeit nicht zu gefährden.

Er war im Grunde ein trockener Mensch, er war zudem ein Zyniker, seine Reden waren salbungsvoll. Aber er war der erste Bundespräsident, der nicht im Amt gestorben ist.

Rudolf Kirchschläger konnte als parteilos gelten, da er ja aus der ÖVP längst ausgetreten und in die SPÖ nie eingetreten war. Die Wahlen hat er zweimal gewonnen, das zweite Mal ohne einen Gegenkandidaten der Volkspartei. Vor der ersten Wahl hatte die ÖVP ihren vorherigen Generalsekretär und späteren Vizekanzler Hermann Withalm als Kandidaten nominiert. Die Plakate waren schon gedruckt, als es in der Partei eine Art von Palastrevolution gab, deren Ursachen verborgen blieben. Statt Withalm wurde im letzten Moment der Innsbrucker Bürgermeister Alois Lugger aufgestellt.

Bei der Wahl am 23. Juni 1974 siegte Kirchschläger schon im ersten Wahlgang haushoch.

Dann kam die Ära Waldheim. Im Grunde konnte man sie wirklich als Ära bezeichnen, diese sechs Jahre, da Österreich ein internationaler Paria war. Ich habe ihn besser gekannt, viel besser als seinen Vorgänger. Er war Außenminister und dann zweimal Generalsekretär der Vereinten Nationen. Ich habe ihn einmal in New York besucht, in seinen Amtsräumen im UN-Hauptquartier, in dessen Erdgeschoss, wie mir damals ein Vertreter Österreichs versicherte, der Barkeeper die beste Bloody Mary der Welt mixe. Ein paar Tage später feierte ich in Ohio ein Wiedersehen mit jener Universität, an der ich als Fulbright-Student ein Jahr verbracht hatte. Ich wurde gebeten, einen kurzen Vortrag über die Vereinten Nationen zu halten. Als ich berichtete, ich hätte soeben Kurt Waldheim im UN-Hauptquartier in New York interviewt, wurde ich gefragt: »Who is that guy?« Ich war perplex.

Genauso überrascht war ich, als ich nach Waldheims zweiter Amtsperiode in den USA wieder ein journalistisches Gespräch führen wollte, damals im Hotel Imperial, wo wir einander treffen wollten. Ich wartete in der Halle – aber Waldheim kam nicht. Als er dann kam, wurde er von zwei Hotelangestellten gestützt, sein Sakko war zerrissen, seine Hose staubig. Er hatte vergessen, dass die Straßenbahn auf der »Imperial«-Seite entgegen der Einbahnregelung fährt, und war von einer Garnitur niedergestoßen worden. Die Schutzvorrichtung hatte funktioniert, Waldheim ist verhältnismäßig glimpflich davongekommen.

Welche Probleme sich in der jüngsten Geschichte der Republik Österreich um seine Person rankten, ist, wie ich annehme, mehr als bekannt. Es war die »Causa prima« der österreichischen Außenpolitik. Vor allem Franz Vranitzky, damals Regierungschef, hat sich, wie ich schrieb, redlich bemüht, unser Ansehen wieder herzustellen.

Dann aber wurde die Frage relevant, wer der nächste Kandidat für die Bundespräsidentenwahlen 1992 sein könnte. Würde Kurt Waldheim nach zwei Amtsperioden auf die Idee kommen, noch einmal zu kandidieren? Die Funktion war ihm, wie ich immer wieder feststellen konnte, trotz aller Widrigkeiten um seine Person keineswegs unangenehm gewesen. Bei einer günstigen Gelegenheit fragte ich ihn danach. Er zögerte. Noch einmal kandidieren? Er habe eine Reihe von Freunden gefragt. Dann fragte er: »Was sagen Sie dazu?« Ich erwiderte voll der Ehrerbietigkeit gegenüber dem Staatsoberhaupt, dass ich eine Wiederkandidatur für keine gute Idee hielte. Waldheim nahm es zur Kenntnis.

Wie ich im Kapitel über Franz Vranitzky bereits erzählte, ist dann Verkehrsminister Rudolf Streicher als SP-Kandidat aufgestellt worden und hat im zweiten Wahlgang gegen Thomas Klestil, der für die ÖVP antrat, deutlich verloren. Zwölf Jahre lang hat Klestil dann in der Hofburg residiert.

Mit keinem Bundespräsidenten hatte ich so freundschaftliche Beziehungen wie mit Thomas Klestil. Nicht zuletzt deshalb, weil wir derselbe Jahrgang waren, 1932. Nicht zuletzt deshalb auch, weil wir einige Monate lang, nämlich im Winter 1944/45, in Erdberg dasselbe Gymnasium besucht hatten, da meine Schule, das »Akademische«, in dieser Zeit bereits geschlossen war. Wohl schließlich auch deshalb, weil wir einander sympathisch waren, und dies schon zu einer Zeit, da weder er noch ich den Gipfel unseres Berufs erreicht hatten.

Da erwarteten wir – er als Generalsekretär des Außenministeriums, ich als Journalist, der unverzüglich ein Interview machen wollte – im Hotel Schwarzenberg den französischen Außenminister. Dessen Flugzeug hatte Verspätung, wir saßen an der Bar und bestellten einen Gin Fizz. Klestil kostete und sagte: »Mehr Gin bitte!«

Ich saß im Palais Pallavicini zufällig neben ihm, als für den scheidenden Generalsekretär der Industriellenvereinigung ein Abschiedsessen gegeben wurde. Nach dem zweiten Gang wurde Klestil zum Telefon gerufen. Er blieb ziemlich lange fern, kehrte dann wieder, setzte sich und raunte mir ins Ohr: »Jetzt hat mich die ÖVP gefragt, ob ich als Bundespräsident kandidieren will!« So erfuhr ich es als Erster. Vielleicht war ich wirklich eine seiner Vertrauenspersonen. Vielleicht ist der Zusammenhalt von Jahrgangskollegen, auch wenn sie im Leben dann verschiedene Wege gehen, enger, weil es in diesem Fall keinen Generationenkonflikt geben kann – wer weiß?

Nach Klestils Wahl atmete die Republik auf. Sie war kein Paria-Staat mehr – bis auf Weiteres jedenfalls.

Bis zu dem Augenblick, da Bundespräsident Thomas Klestil mit eisiger Miene die schwarz-blaue Koalitionsregierung unter Wolfgang Schüssel und Susanne Riess-Passer angelobte. Die Folge waren die sattsam bekannten EU-Sanktionen.

Noch einmal: Ich scheine einer von jenen Freunden gewesen zu sein, die Klestils Vertrauen hatten. Oder wirke ich gelegentlich wie ein Beichtvater? Der Bundespräsident, der seine Eheprobleme »geoutet« hatte, und zwar überraschenderweise in einem Magazin, erzählte mir dann Hintergründe. Ich konnte nur zuhören.

Das Gleiche tat ich, als mich ein hoher Politiker einmal ins Café Central zum Lunch einlud und mir am Ende des Gesprächs eine sonderbare Frage stellte: »Haben Sie auch schon das Gerücht gehört, dass ich schwul sei?« Ich musste zugeben, es auch gehört zu haben. Es war natürlich ein Unsinn.

Klestils Amtsführung und seine allfälligen Meriten sind bekannt, ich brauche sie nicht zu schildern. Er hat sich die Zeit genommen, mir zwei Auszeichnungen persönlich zu überreichen: das Große silberne Ehrenzeichen der Republik und ein paar Jahre später das Ehrenzeichen für Kunst und Wissenschaft Erster Klasse. Bei beiden Gelegenheiten hat er in seinen Ansprachen so persönliche und herzliche Worte gefunden, dass ich mich beinahe geschämt hatte.

Dass er kurz vor der Angelobung seines Nachfolgers starb, hat nicht nur mich überaus betroffen gemacht. Aber mich ganz besonders. Am Sarg vor der Lueger-Kirche am Zentralfriedhof klang am Ende der Beisetzungszeremonie sein Lieblingskirchenlied: »Segne mich, Maria, segne mich, dein Kind.« Ich gestehe offen, dass mir die Tränen gekommen sind.

Bei der Bundespräsidentenwahl 2004 hatte sich die SPÖ schnell auf Heinz Fischer geeinigt. Weniger klar war die Nominierung auf Seiten der ÖVP. Erwin Pröll saß und sitzt regelmäßig auf der Reservebank, bereit, in den Ring zu steigen.

1992 traf ich den langjährigen erfolgreichen niederösterreichischen Landeshauptmann zufällig vor dem Hotel Bristol. »Wird es diesmal etwas werden?« Pröll lächelte geheimnisvoll. Aber es ist dann nichts geworden. Die ÖVP nominierte Benita Ferrero-Waldner, die Außenministerin. Sie unterlag knapp. Pröll stand dann auch 2010 in der Reserve, als Heinz Fischer zum zweiten Mal als SP-Kandidat aufgestellt wurde. Aber die ÖVP verzichtete angesichts der Popularität Fischers auf einen eigenen Kandidaten. Dieser Entschluss war, wie man weiß, überaus umstritten.

Heinz Fischer war populär, in der Tat, und ist es noch immer. In der Skala des Sympathiewerts österreichischer Politiker und Politikerinnen nimmt er seit Jahr und Tag, wenn man den einschlägigen Magazinen glauben darf, den ersten Platz ein – und zwar triumphierend. Mag sein, dass da Reste der Obrigkeitsmentalität mitspielen. Wer in der Hofburg sitzt, ist gleicher als gleich. Solche Geisteshaltung kann man Heinz Fischer freilich keineswegs unterstellen. Er will ein Mann des Volkes sein, und vor allem in seiner zweiten Amtszeit ist es ihm auch gelungen.

Dabei könnte man ihn einen Berufspolitiker nennen, diesen Heinz Fischer. Sein Vater war in der Regierung Raab–Schärf zeitweilig sozialistischer Staatssekretär im Handelsministerium. Auch wenn er im durchaus »bürgerlichen« Gymnasium in der Fichtnergasse maturierte, war seine Richtung von Beginn an vorgezeichnet. Seit den Sozialistischen Studenten ließ ihn die Sozialdemokratie nicht mehr los – aus Überzeugung, gewiss nicht nur als väterliches Erbteil. Klubsekretär, Abgeordneter, Klubobmann, Regierungsmitglied, schließlich Nationalratspräsident und dann Staatsoberhaupt – ein zielstrebiger Weg.

Ich kannte Fischer schon als Parlamentarier. Seine Debattenbeiträge zur Strafrechtsreform habe ich stets sehr interessant gefunden.

Er ist Jurist, ich auch, das, könnte man sagen, verschafft jenseits der »Klüfte politischer Zielvorstellungen« (Zitat Kreisky) eine Spur von Gemeinsamkeiten.

Interessant ist in diesem Zusammenhang immer wieder gewesen, was Fischer über den Verlauf der bereits erwähnten Strafrechtsreform zu erzählen hatte – eine Reform, die sich vor allem auch um die Fristenlösung drehte und in der auch der damalige Justizminister Christian Broda eine eminent wichtige Rolle spielte. In der entscheidenden Debatte im Parlament hat Kreisky seine Skepsis nicht verschwiegen. Er sprach bewusst nicht von der Regierungsbank, sondern von seinem Abgeordnetensessel aus. Die Abstimmung ist mit 93 zu 88 Stimmen für das neue Gesetz ausgegangen. Was dann folgte, berichtet Fischer in seinem Buch »Die Kreisky-Jahre«:

»Am Tage nach der Abstimmung packte mich Kreisky zusammen und sagte mit leiser, aber besorgter Stimme: ›Du bist dir bewusst, dass dies der Kardinalfehler unserer Arbeit ist. Dieser Beschluss kostet uns die Mehrheit. Es ist der dritte wahlentscheidende Fehler von Broda – nach Habsburg und Olah – Kronen Zeitung. Im Grunde ist ein zwanzigjähriges Aufbauwerk von mir zerstört – nämlich die Aussöhnung mit der Kirche. Das kann uns die Kirche nicht verzeihen – nicht der Kardinal, aber jene, die an diesem guten Verhältnis zur Sozialdemokratie gar nicht so interessiert sind.‹«

Olah – Kronen Zeitung: Damit war die Finanzierung des Blattes gemeint, die mit ÖGB-Geldern gesichert werden sollte.

Das Verhältnis Kreisky–Kirche war aber nicht nachhaltig gestört. Die Beziehungen blieben intakt, Kreisky und König, K. und K., begegneten einander nach wie vor respektvoll. Die Chemie stimmte.

Chemie – ein wichtiger Begriff in der Politik. Sie müsse intakt sein, auch wenn die betreffenden Partner verschiedenen Lagern angehören, erläuterte mir Fischer. Sie sei eine objektive Notwendigkeit für erfolgreiche Politik. Man muss »miteinander können«.

Dann kommt Fischer sehr ehrlich darauf zu sprechen, dass dies auch in der SPÖ nicht immer funktioniert habe. Gelegentlich lässt auch hier die Chemie zu wünschen übrig. Alfred Gusenbauer zum

Beispiel sei ein brillanter Kopf gewesen, habe aber Fehler begangen. Einen oder zwei verzeiht die Partei, beim dritten freilich denke man an einen Personenwechsel, sagt Heinz Fischer.

Auch in der »Koalitionsehe« Klima–Schüssel habe es an der Chemie gehapert. Werner Faymann und Michael Spindelegger hingegen seien in punkto »Chemie« nicht weit auseinander.

Und wie ist das mit der Wehrpflicht? Fischer sagt es nicht offen, aber man hört deutlich, dass er ein Berufsheer nur dann für richtig hält, »wenn überzeugende Argumente auf dem Tisch liegen, dass eine andere Variante als die Wehrpflicht besser ist und auch finanzierbar, und dass für ein Berufsheer genügend brauchbare Interessenten da sind«. Es handle sich um keine Frage der Weltanschauung. Der Hinweis auf das Jahr 1934, als das Berufsheer auf Gemeindebauten schoss, sei kein Argument mehr. Die Wehrpflicht sei »ein System mit vielen positiven Aspekten«. Die Integration werde gefördert. Es gebe eine Mischung der Gesellschaft und jungen Leuten würde die Möglichkeit gegeben, etwas für den Staat und diese Gesellschaft zu tun. Es bilde sich nicht eine elitäre Gruppe von Menschen, denen der Waffengebrauch besonders am Herzen liegt. Aber: »Wenn es eine gute, finanzierbare Lösung für die Frage Berufsheer gibt, kann man darüber reden.«

Heinz Fischer, der – durchaus mit Respekt gesprochen – »Staats-Chemiker«, hat Gott sei Dank vergessen, dass auch zwischen ihm und mir die Chemie zeitweilig überhaupt nicht gestimmt hat. Als er vor Jahren zu einem Empfang, den die Bundesregierung im Schloss Schönbrunn für einen ausländischen Staatsgast gab, im braunen Anzug und mit roter Krawatte erschien, schrieb ich darüber eine freche Glosse. Die Folge: jahrelange Eiszeit.

Sie ist Gott sei Dank längst vorüber. Bundespräsident Heinz Fischer nahm sogar an einem Abendessen teil, das die »Presse« anlässlich meines 75. Geburtstages veranstaltete. Auch Wolfgang Schüssel war damals Gast. Die Chemie zwischen den beiden hat, jedenfalls an diesem Abend, hervorragend gestimmt.

Die Wiener Rathausmänner

Nur Gratz und Zilk waren wirklich interessant

Nein, über Theodor Körner habe ich nichts zu berichten. Ehrlich nicht. Ich war zu jung, als er im Rathaus residierte. Ich habe ihn bei einer Republikfeier in meinem Gymnasium gesehen – er hat mir sogar mit meiner eigenen alten Füllfeder (sie ist mir dann von Russen weggenommen worden) ein Autogramm gegeben. Das war's. Ich habe ihn erst wieder erlebt, als er Bundespräsident war. Er war, wie man so schön sagt, leutselig. Im Westbahnhof, der noch eine halbe Ruine war, stellte er sich vor der Kasse an, um für seine Nichte einen Fahrschein zu kaufen. »Aber Herr Bundespräsident, gehen Sie doch vor!«, riefen die Leute. Er winkte ab. Ob diese Volkstümlichkeit »aufgesetzt« war, weiß ich nicht. Dass er auch im strengsten Winter ohne Hut ging, wussten wir alle. Dies freilich war keine Marotte.

Von Franz Jonas, seinem Nachfolger als Staatsoberhaupt, habe ich erzählt. Bruno Marek, 1965 bis 1970 Bürgermeister, war ein stiller Mensch, ging aber, wie es in der Politik heißt, »auf die Leute zu«. Ich sah einmal, wie er dies im buchstäblichen Sinn tat. Es war in der Jagdschlossgasse und der Schranken der Verbindungsbahn war wie so oft geschlossen. Auch Mareks Auto musste anhalten. Und siehe, der Bürgermeister der Bundeshauptstadt stieg aus und begann sich mit den Umstehenden zu unterhalten. Als andere Autofahrer dies sahen, stiegen auch sie aus ihren Wagen. Wann redet man schon vor einem Bahnschranken mit dem Stadtoberhaupt? Die Leute, den Bürgermeister eingeschlossen, waren derart ins Gespräch vertieft, dass sie fast übersehen haben, wie sich der Schranken wieder hob. Marek dürfte damals einige zusätzliche SPÖ-Stimmen ergattert haben.

Weniger leutselig war Felix Slavik, obwohl sein Name auf Deutsch »fröhliche Nachtigall« hieß. Er war gar nicht fröhlich und auch nicht leutselig, als er von einer Sekretärin an seinem Schreibtisch Presswurst in Essig und Öl serviert bekam, während ich ihn zu interviewen versuchte; es war die Zeit, da es um die von der Bevölkerung geforderte Öffnung des Sternwarte-Parks ging. Slavik war aus guten Gründen missmutig. »Kinderl, der Essig ist nicht zum Saufen«, fuhr er das arme Mädchen an. Ich gebe zu: Nichts anderes ist mir von Bürgermeister Slavik in Erinnerung geblieben.

Da hat Leopold Gratz, von 1973 bis 1984 Wiener Bürgermeister, weitaus deutlichere Spuren in meiner Erinnerung und – ich darf es sagen – auch in meinem Herzen hinterlassen. Ich sah ihn zum ersten Mal, als er Abgeordneter war und in Salzburg an einer Konferenz teilnahm, die sich mit europäischen Fragen der Medienproblematik befasste. Auch ich war damals zu einem Referat eingeladen worden, das Gratz vom Rednerpult aus mit einem kurzen, wenngleich nicht auf die Sache eingehenden Lob quittierte: »Kollege Chorherr ist bisher der Einzige gewesen, der sich an die Redezeit gehalten hat!« Ich freute mich.

Gratz, der kurzzeitige Unterrichtsminister. Er habe, sagte er mir, dem Burgtheaterdirektor Klingenberg die Mahnung mitgegeben, so viele Klassiker wie möglich zu spielen, um Schülern und Schülerinnen die Möglichkeit zu geben, nicht nur zeitgenössische Stücke zu sehen.

Ich freute mich umso mehr, als ich (wie viele Male eigentlich?) ihn dann als Bürgermeister im Wiener Rathaus besuchen konnte. Sein Büro hatte die Ausdehnung einer Wiener Großwohnung, es imponierte mir schon beim Eintreten. Wann immer ich zu Besuch kam, war ein kleiner Whisky zur Stelle. Gratz nannte ihn »Sundowner« und meinte gut gelaunt, dass glücklicherweise, ob auf der westlichen oder der östlichen Halbkugel, immer und überall irgendwann die Sonne untergehe. Allein, ganz ohne Sundowner ärgerte er sich einmal, als er zusammen mit seinem New Yorker Amtskollegen in der Residenz des amerikanischen Botschafters zu Gast war. Es war Winter und es herrschte ob der lausigen Schneeräumung Unmut unter den Wienern. Gratz beklagte sich darüber, dass Jacques Chirac, damals Pariser Stadtoberhaupt, sich um nichts kümmere und bloß wisse, dass der Schnee weggeräumt gehöre. »Aber mir macht man Vorwürfe, wenn dies nicht klappt!« In der Tat, Gratz konnte auch beleidigt sein.

Ich sah ihn gelegentlich, als er längst keine politischen Ämter mehr hatte, an der Straßenbahnhaltestelle bei der Oper stehen. Er war krank gewesen und Gott sei Dank wieder auf den Beinen. Die gute Laune hatte er sich trotz aller Widrigkeiten und Misslichkeiten bewahrt, er war nur, wie mir schien, besinnlicher geworden. Als er 75 wurde (Alfred Gusenbauer war SPÖ-Chef), gab es im Parlament einen Festakt. Leopold Gratz berichtete, dass er vor Kurzem in der Löwelstraße, dem SP-Hauptquartier, angerufen habe, um den Parteiobmann zu sprechen. Die Telefonistin, offenbar sehr jung, fragte ihn nach seinem Namen. Und als er ihn nannte, sagte das Mädchen: »Gratz? Wie schreibt man das?« Der Ex-Klubobmann, Ex-Unterrichtsminister, Ex-Bürgermeister, Ex-Außenminister und Ex-Nationalratspräsident erzählte dies mit dem Unterton der heiteren Resignation. Sic transit gloria mundi!

Dann kam Helmut Zilk. Er war noch populärer als Gratz; von ihm ging die Mär, er sei mit mehr Menschen per Du gewesen, als er gekannt habe. Ich bin zuerst mit ihm in Kontakt gekommen, als er noch Fernsehdirektor war. Über ihn zu erzählen, ist müßig: Es gab und gibt kaum einen Menschen in Wien und darüber hinaus, der seine unverblümte und doch charmante Art nicht zu rühmen wusste. Als mein Sohn in den Wiener Gemeinderat gewählt wurde, nannte ihn Zilk nur »dei Bua!«. Als ich schwer krank im AKH lag, besuchte er mich. Im Vorraum bei den Lifttüren saß Zigaretten rauchend ein Clan mit »Migrationshintergrund«. Zilk machte sie unsanft auf das

Rauchverbot im Spital aufmerksam: »Wann's rauchen wollts, gehts ham nach Belgrad.« Von Integration war damals noch nicht viel zu hören und Helmut Zilk hielt auch nichts von politischer Correctness. Korrekt war er anderswo: Ich sah, wie er einen Fußgänger zur Rede stellte, der auf dem Stephansplatz ein Papierl wegwarf.

Korrekt war er selbst in winzigen Details. Als er durch eine Briefbombe schwer verletzt wurde, bangte die Stadt um ihren populären Bürgermeister. Nachher trug er über der verstümmelten Hand ein Tuch, das haargenau das gleiche Muster aufwies wie seine Krawatte. Als er mir – ich hatte mich längst unter jene gereiht, die der Bürgermeister mit dem Du-Wort auszeichnete – ein hohes Wiener Ehrenzeichen überreichte, konnten wir beide nicht umhin, über unsere Probleme zu scherzen. Er konnte seine linke Hand nicht mehr gebrauchen, ich die rechte. Gemeinsam, so stellten wir fest, wären wir komplett gewesen. Nur mit der Politik – er links behindert, ich rechts – hätte es gehapert.

Von der Parteien Gunst und Hass verwirrt

Broda bis Dohnal, Olah bis Haider: Menschen in ihrem Widerspruch

Nein, nicht wieder Wallenstein. Weder das »Lager« noch »Piccolomini«. Aber die Vorrede zum Schiller-Drama bietet denn doch Anlass zum Nachdenken. Von der Parteien Gunst und Hass verwirrt, schwankt sein Charakterbild in der Geschichte. Diesfalls besser: das Charakterbild der Akteure vor und hinter den Kulissen der Politik. Es schwankt auch, was meine Erinnerungen betrifft. Und es schwankt nicht nur in meinem Gedächtnis.

Da wäre zum Beispiel Johanna Dohnal. Wann immer von Frauenpolitik in Österreich die Rede ist, ist sie früher oder später Gesprächsthema Nummer 1. Dass sie am Ende unbedankt blieb, weil sie unbequem war, gehört zum Modus vivendi des Landes.

Frau Dohnal war in der Regierung Kreisky Staatssekretärin für Frauenfragen und später, als Franz Vranitzky Bundeskanzler war, Bundesministerin für Frauenangelegenheiten, sprich: die erste Frauenministerin Österreichs. Sie war streitbar, energisch, kompromisslos.

Bis 1995 war sie Vorsitzende der SPÖ-Frauen und zudem stellvertretende Vorsitzende der Sozialistischen Partei. Franz Vranitzky hat in seinen »Politischen Erinnerungen« im Grunde nichts Negatives über sie zu sagen.

»Johanna Dohnal vertrat ihr frauenpolitisches Credo mit großer Überzeugung und wenig Kompromissbereitschaft. Sie tat recht daran, weil sie ohnehin nicht damit rechnen konnte, immer alles zu erreichen, was ihr vorschwebte. Weil sie mit dieser Kompromissbereitschaft sparsam umging, war sie vielen in der Partei, noch mehr außerhalb, zu radikal. Da-

mit konnte sie mit ihren festen Überzeugungen und ihrer kämpferischen Grundeinstellung leben. Zu einer weichen Gangart war ihr Naturell nicht geeignet.«

In allgemein politischen Angelegenheiten sei ihm Johanna Dohnal eine wirkliche Stütze gewesen, sagt Franz Vranitzky.

Dohnal hatte der »offiziellen« Politik 1995 gänzlich den Rücken gekehrt und kandidierte für kein Amt mehr. Wir haben sie vor einigen Jahren in Reichenau getroffen, wo sie in einer Theaterpause mit uns plauderte und uns auch ihre Lebensgefährtin vorstellte. Ich habe die Genossin Dohnal als überaus tatkräftige Politikerin kennengelernt.

Unter jenen, deren Charakterbild schwankte, und zwar ganz beträchtlich, ist Franz Olah gewesen. Er ist vom Helden zur Unperson hinunterstilisiert worden und dann wieder zu einem der Männer hinaufgelobt, denen die Republik ihre Existenz zu verdanken hat. Franz Olah und seine Bauarbeiter haben 1950 das verhindert, was man nachher einen kommunistischen Putschversuch genannt hat – ob es wirklich einer war, ist umstritten. Als ÖGB-Präsident hat Olah nicht zuletzt Zeitungsgeschichte gemacht. Er half der »Krone« mit Geldern des Gewerkschaftsbundes auf die Beine, was auch Hans Dichand mehr oder weniger unumwunden zugab.

Dass Olah eine gewisse Schwäche für Zeitungsleute hatte, ist demnach nicht überraschend. Dies zeigte sich vor allem auch während der kurzen Zeit, in der er Innenminister war – und ein gefährlicher noch dazu. Man munkelte in den Redaktionen sogar von »Umsturzplänen«, die natürlich, wie ich annehme, purer Unsinn waren.

Aber Olah legte Wert auf eine gute Presse und organisierte seine eigene Informationspolitik. Als ich in einer bestimmten Affäre in seinem Büro telefonisch um Auskunft bat, wurde ich sofort verbunden. »Wenn Sie gleich kommen wollen, is' es mir auch recht«, sagte der Innenminister. Ich fuhr in die Herrengasse und wurde sofort vorgelassen. Olah schien, so kommt es mir heute vor, versucht zu haben, Vertrauensleute in Redaktionen zu haben. Ob damit auch die Berichte zusammenhängen, dass der Innenminister über sogenannte Spitzelakte verfügt habe, die Prominente betrafen, weiß ich nicht. Ich war bestimmt nicht darunter.

Es kam dann auch in der Causa Olah so, wie es kommen musste. Weil er (unter anderem auch für die FPÖ) Gewerkschaftsgelder illegal verwendet hatte, wurde er aus der Partei ausgeschlossen. Den politischen Gnadenstoß seiner SPÖ erhielt er aufgrund eines Interviews von Georg Nowotny, das im September 1964 in der »Presse« erschien. Es war so etwas wie ein psychisches Großreinemachen:

»Er muss wohl lange mit sich gekämpft haben, bevor er, der vierzig Jahre der SPÖ angehört, die Dinge offen beim Namen nennt. Manchmal zögert er, etwa wenn es um die Besitzverhältnisse der ›Krone‹ oder um sein Verhältnis zum Parteivorsitzenden Pittermann geht. … Von seinem Ressort spricht er wehmütig, so als ob er bald nicht mehr dafür verantwortlich sein werde. … ›Ich bin mir bewusst, dass ich viele Fehler habe. Ich bin vielleicht zu temperamentvoll und fasse zu rasch Entschlüsse.‹ … Von seinen Widersachern in der Sozialistischen Partei spricht der Innenminister zumeist als von den ›Leuten‹. Nur einmal nennt er zwei Namen: ›Broda und vielleicht Holaubek‹, den Justizminister also und den Wiener Polizeipräsidenten. Auf die Frage, ob er nichts dagegen habe, dass der Inhalt des harten Gesprächs veröffentlicht werde, denkt Olah zuerst nach und sagt dann müde, ›es ist ja schon so weit gekommen‹ und schüttelt den Kopf.«

Die Olah-Krise führte dazu, dass die ÖVP 1966 die absolute Mehrheit errang. Es war ein innenpolitisches Erdbeben, das freilich Bruno Kreisky ins Gegenteil verwandeln konnte. Aber Olah war dennoch eine der markantesten Figuren der Zweiten Republik. Er hat dann die »Demokratische Fortschrittliche Partei« gegründet – rechtsgelagert, mit populistischen Einsprengseln und fast eine Vorwegnahme der Haiderschen Ambitionen. Für den Nationalrat reichte es nicht, wohl aber für den Wiener Gemeinderat.

Olahs Erzfeind in der SPÖ war Christian Broda gewesen. Ich

erinnere mich an eine Demonstration von Bauarbeitern, die ihren einstigen Chef unterstützen wollten, als gerade eine Gruppe von Spitzenpolitikern das SPÖ-Haus in der Löwelstraße verließ. Auch Broda war darunter und die Demonstranten machten Miene, auf die sozialistischen Granden loszugehen. Im Fernsehen war dies ein politischer Hit, der deswegen imponierte, weil sich Broda von seiner Gruppe löste und ganz allein argumentierend auf die wütenden Bauarbeiter zuschritt. Diese zogen sich schließlich zurück.

Olahs Ende glich dann dem so vieler österreichischer Politiker – parteiübergreifend, wie man sagen könnte. Er wurde wieder eingeladen, durfte als Ehrengast an einer Reihe von Gedenkfeiern der Republik teilnehmen und war gesuchter Zeitzeuge. Er hat Christian Broda um mehr als zwanzig Jahre überlebt, obgleich er der ältere war. Allerdings wurde Broda, als er 1987 starb, auf dem Zentralfriedhof in einem Ehrengrab beigesetzt. Olahs Grab ist auf dem Stadtpfarrfriedhof in Baden.

Mit Christian Broda hatte ich in der Zeit, da er Justizminister war, wiederholt und wie ich glaube sehr intensiv zu tun. Mag sein, dass er mich mehr als andere Zeitungsleute geschätzt hat. Mag auch sein, dass eines der Motive die gemeinsame Schule war. Wie ich hatte er am Akademischen Gymnasium maturiert, freilich Jahrzehnte vor mir.

Er behauptete immer wieder, wir seien durch eine »Bereichskoalition« verbunden. Der wichtigste Bereich, den er meinte, war das Medienrecht. Auf seine Bitte hin trat ich einem Beraterkreis bei, der mithalf, dieses Medienrecht zu novellieren und teilweise neu zu formulieren. »Die Truppe verpflegt sich aus dem Land«, sagte er mir, wenn er erzählte, welche Bestimmungen er aus Vorschlägen der ÖVP übernehmen wolle.

Wir trafen einander immer im Restaurant »Am Franziskanerplatz«, wo er in der Garderobe zu meiner Verwunderung fünfzig Schilling als Trinkgeld gab. Das war damals etwas, glauben Sie mir! Dabei war Broda Kommunist, bevor er 1945 der SPÖ beitrat. Angeblich hat er während seines Jusstudiums an der Wiener Universität eine Arbeit über »Volk und Führung. Ein Beitrag zum Problem der politischen Willensbildung im Zweiten Deutschen Reich« geschrieben.

Als Minister hat er, nehmt alles nur in allem, umfangreiche Reformen in die Wege geleitet. Und etliche vollendet: das Familienrecht, die Gleichstellung von Mann und Frau im bürgerlichen Recht, vor allem aber das neue Strafgesetz. Ob ihm wirklich die »gefängnislose Gesellschaft« vorschwebte, wie man behauptete, weiß ich nicht. In den Gesprächen mit mir hat er mir nur die Vorteile einer verkürzten Strafhaft und allenfalls eines häufigeren Freigangs erläutert. Vermutlich war dies mit ein Grund dafür, dass er den Menschenrechtspreis des Europarates bekommen hat.

Dass Olah und der Justizminister derselben Regierung immer mehr zu persönlichen Erzfeinden wurden, ist eine der Erscheinungen, die noch lange von politischen Historikern erforscht werden dürfte. Ich habe beide getroffen. Ich hätte mich nicht entscheiden können.

Wohl aber kann ich mich entscheiden, dass Hannes Androsch eine der markantesten Politikerpersönlichkeiten der Zweiten Republik gewesen ist – und noch immer zu sein scheint, wie sein Engagement rund um das Problem Bildung beweist. Seine Zerwürfnisse mit Bruno Kreisky und vor allem auch mit Franz Vranitzky habe ich an anderer Stelle erwähnt. In der Reihe der »Homines politici« der Republik Österreich nimmt der ehemalige Finanzminister und Vizekanzler einen Platz ein, den ihm trotz seiner Affären rund um seine Steuerberatungskanzlei kaum jemand streitig machen kann. Zusammen mit Leopold Gratz galt Hannes Androsch immer wieder als einer der »Kronprinzen« Kreiskys. »›Kronprinz‹ ist eine Apfelsorte«, wehrte Gratz immer ab. Androsch verschwieg sich in dieser Angelegenheit eher. Dass beide dann jeweils aus Gründen, die aus der jüngsten politischen Geschichte Österreichs bekannt sind, vor Gericht stehen mussten, gehört zu den Unwägbarkeiten von Ereignissen in der Arena der Politik. Androsch, der seinerzeit auf die Frage, ob er Millionär sei, mit »leider nein« geantwortet hatte, ist es heute als Industrieller längst geworden – und zwar dreistellig. Als Ratgeber, nicht als Amtsträger, bleibt er nicht nur seiner Partei, sondern auch dem Staat verbunden.

Dann gibt es noch Jörg Haider. Eine markante Persönlichkeit der Republik – auch er? Ganz gewiss ist er es gewesen, auch als »ausgegrenzter«. Ich habe ihn auf sonderbare Weise kennengelernt: bei einem Empfang im Park der amerikanischen Botschafterresidenz. Als ich 1950 als Maturant im »Neuen Österreich« journalistisch zu arbeiten begann, war er gerade geboren worden. Nur so kann ich mir erklären, dass mich bei dem erwähnten Gartenfest – es muss in den späten 1970er-Jahren gewesen sein – ein Gast fragte, ob der junge Mann mit dem dunklen Haar mein Sohn sei. Ich hätte einen Sohn, aber nicht diesen, antwortete ich. Der »falsche Sohn« war Haider, damals angehender Jungpolitiker.

Ich habe Haider, dessen politischen Werdegang ich als bekannt voraussetzen darf, mehrmals interviewt, zuletzt in seinem Büro im Klagenfurter Landhaus. Er war für mich immer eine journalistisch interessante politische Persönlichkeit. Dass bei seinem Begräbnis fast die ganze Staatsspitze zusammenkam, hat mich nicht gewundert. Es war, scheint mir, ein später Vorwurf an die Europäische Union, deren Sanktionen aufgrund der schwarz-blauen Koalition meiner Meinung nach nicht nur übertrieben, sondern infam waren. Aber das alles erinnert mich an einen Spruch, der offenbar ewige Gültigkeit besitzt, auch wenn er sich auf den ganzen Globus bezieht: So wie sich der kleine Maxl die Weltpolitik vorstellt, genauso ist sie.

Die Republik der »Zuspieler«

Vor- und Nachteile der Mediokratie

Österreich – die Mediokratie. Österreich: ein Staat, dessen Politik, wie viele meinen, von den Medien am Gängelband gehalten wird. Es ist hierzulande nicht so wie anderswo. Der Einfluss der Medien ist größer, direkter, unmittelbarer. Ich wage das zu behaupten. Ich bin einer von ihnen.

Doch reden wir vorerst nicht von den österreichischen Medien. Dieses Land, seine Hauptstadt im Besonderen, war in der zweiten Hälfte des vergangenen Jahrhunderts Standort einer Legion von Auslandskorrespondenten beiderlei Geschlechts. Sie arbeiteten für Zeitungen, Radio und Fernsehen und hatten erst in zweiter Linie die Aufgabe, sich über Österreich zu informieren.

Sie waren in Wien stationiert, um den kommunistischen Ostblock, den es damals noch gab, zu beobachten. Aus einem freien Staat frei zu berichten, war für sie wesentlich leichter, als unter der Kuratel des Kommunismus allfällige, wenngleich seltene Maßnahmen der Zensur erdulden zu müssen. Fast bis zur »Wende« war Wien aus diesen Gründen eines der Welthauptquartiere der internationalen Medien.

Nicht immer sind von den großen internationalen Blättern und Fernsehstationen die Klügsten nach Wien abkommandiert worden. Als die sogenannte »Waldheimkrise« auf dem Höhepunkt war, haben Redaktionen aus Übersee sich gelegentlich die Kosten erspart, irgendjemanden aus ihrem Stab nach Wien zu schicken. So kam es, dass ich von einer Kollegin aus der Europaredaktion (was immer das heißen mochte) einer kanadischen Zeitung angerufen wurde. Sie hat zwar im Unterschied zu vielen amerikanischen Journalisten gewusst, dass in Austria Deutsch gesprochen wird, aber wir unterhielten uns naturgemäß auf Englisch. Die Kenntnisse der Dame, was die europäische Geschichte betraf, waren nicht gerade überwältigend. Unter anderem wollte sie wissen, ob auch österreichische Soldaten in der deutschen Wehrmacht gedient hätten. Als ich das bejahte, erkundigte sie sich nach der Zahl. Diese war, wie ich mich zu erinnern glaubte, beträchtlich. Worauf mich die kanadische Kollegin mit der Frage verblüffte, warum die Austrians in der German Army nicht geputscht hätten. Ich beendete das Gespräch dann relativ schnell.

Ähnliches passierte mir bei etlichen telefonischen Interviews, die ich aus diesem Anlass mit vor allem amerikanischen Medien führen musste. Journalisten sind für Journalisten noch allemal gesuchte Interviewpartner. Sie wissen Bescheid um das Wesen einer Story. Gespräche von Nachrichtenmoderatoren mit Kollegen kommen auch hierzulande vor der Fernsehkamera recht häufig vor. Als der österreichische Bundespräsident auf die amerikanische Watch-List gesetzt wurde, war dies Anlass für entsprechende Berichterstattung der US-Medien. Sogar ein Fernsehteam hat mich damals befragt. Ich habe geantwortet, wie ich es als guter Österreicher und unabhängiger Journalist zu tun hatte. Ich versuchte, wenn schon nicht das Staatsoberhaupt, so zumindest den Staat zu verteidigen.

Was dann gesendet wurde, weiß ich nicht. Vielleicht war es Unsinn. So wie es später in anderem Zusammenhang einem ausländischen Spitzendiplomaten in Wien passierte, als der Vertreter einer amerikanischen Zeitung auf einer Europareise auch in Wien Halt machte und unter anderen Diplomaten auch den Schweizer Botschafter traf. Was mir der Vertreter der Eidgenossenschaft nachher über seine Unterhaltung mit dem US-Journalisten erzählte, klang wie ein Scherz und war es doch nicht.

Der Amerikaner wunderte sich – erzählte mir der Botschafter –, dass es in Österreich Probleme mit den Ortstafeln in Südkärnten gebe. »Warum machen es die Österreicher nicht so wie ihr Schweizer?«, fragte der offenbar nicht sehr informierte Journalist allen

Ernstes. »Ihr habt sogar dreisprachige Ortsbezeichnungen. Da heißt zum Beispiel dieselbe Stadt auf Deutsch Luzern, auf Französisch Lausanne und auf Italienisch Locarno.« Nein, das ist kein Witz. Es ist jener Wissensstand, mit dem manche amerikanische Medien ihre Mitarbeiter auf Europa- oder gar Welttour schicken.

Wissen. Lesen. Journalismus, Printjournalismus zumal, ist von Lesern und Leserinnen abhängig. Die Binsenweisheit hat eine Kehrseite, die nicht minder wichtig ist. »Welches Buch lesen Sie gerade?«, fragte Otto Schulmeister jeden Volontär, der sich vorstellte. Er legte, genauso wie ich, größten Wert auf entsprechenden Wissensstand der Journalisten, der, wie er meinte, vor allem auch aus Büchern geschöpft werde – in einer Zeit, als es Wikipedia noch nicht gab. Diese »freie Enzyklopädie«, wie sie sich nennt, ist heute zu einem fast unersetzlichen Handwerkszeug der Medienleute geworden. Nachsatz: Wenn man weiß, dass sie gelegentlich mit Vorsicht zu gebrauchen ist. Manch eine Information ist falsch.

Österreich, die Mediokratie? Österreich, die Telekratie? Österreich sei ein Land, wo der Grundsatz hochgehalten wird, dass es neben der Legislative, der Exekutive und der Judikative die so wichtige Vierte Gewalt gebe, in Ergänzung der Montesquieuschen Grundsätze gleichsam, heißt es. Diese Gewalt seien die Medien, verkörpert durch die Journalisten. Noch einmal: Ich bin einer von ihnen – noch immer. Auch wenn ich, in meiner Erinnerung hinter die Kulissen der Politik blickend, in Versuchung gerate, eine alte Floskel gebrauchen zu müssen: Zu meiner Zeit hätt's das nicht gegeben.

Und wieder eine Floskel: Das ist unwahr. Wahr ist vielmehr, dass die Vierte Gewalt in der Tat eine in der Demokratie enorm wichtige Rolle übernommen hat: die der Kontrolle. Lassen wir die Frage beiseite, wer dann die Kontrolleure kontrolliere – das klingt nach Zensur. Aber was es vielleicht doch zu meiner Zeit nicht oder nicht in solchem Ausmaß gegeben hat, ist der Part, den die Medien heute mehr als früher spielen. Spielen können. Spielen dürfen. Sie sind

Ankläger, Verteidiger und Richter gleichzeitig und zudem die höchste Instanz. Berufungen werden nur in außergewöhnlichen Fällen gestattet.

Ich bitte, mich nicht falsch zu verstehen. Die Medien informieren. Das ist ihre Hauptaufgabe. Sie kommentieren und wissen, dass sie Fakten und Meinung streng zu trennen haben. Ich verbessere: Die meisten wissen es.

Die Medien betreiben Aufklärung. Sie forschen nach. Dann nennt man es »investigativen Journalismus«. Wenn er erfolgreich ist, führt er zur Aufdeckung. Es gibt im Journalismus Leute, die als Aufdecker berühmt sind. Gelegentlich tragen sie dies als eine Art Ehrentitel. Nicht zu Unrecht sind sehr viele Missstände im Staat dadurch bekannt geworden, dass sie Aufdeckern auffielen. Dann war der Blick hinter die Kulissen der Politik erfolgreich. Politik umgibt ja, ob wir es wollen oder nicht, das Leben jedes Menschen – von der Wiege bis zum Grabe, wie es so schön (oder unschön) heißt.

Ich bin im Komitee gesessen, das seinerzeit den ersten Ehrenkodex des österreichischen Journalismus ausgearbeitet hat. Wir hatten vor allem die »wahre Berichterstattung« zu einem Mittelpunkt unserer Arbeit gemacht. Damals ist der Begriff »zuspielen« noch nicht gebräuchlich gewesen, im Journalismus jedenfalls. Wir kannten ihn nur vom Kartenspiel.

Heute ist das Zuspielen von Informationen gleichsam unter der fadenscheinigen Decke der Verschwiegenheit gebräuchlich. Ich muss freilich die heimischen Medien in Schutz nehmen: Das »Wie man hört« ist ungebräuchlich. Die Redewendung wird nicht oft benutzt. Aber »zugespielt« wird den Medien, vorzugsweise den gedruckten, gar manches. Es wird dann oft veröffentlicht, ohne die Grundprinzipien des Journalismus zu beachten, an die Hugo Portisch erinnerte, als ihm der Ehrenpreis der Concordia für sein Lebenswerk überreicht wurde. Er mahnte das »Check, Re-Check und Double-Check« ein: Prüfen, wieder prüfen und noch einmal prüfen.

Es ist mir in den vielen Jahren als Chefredakteur der »Presse« nie eine Information »zugespielt« worden, die ich übernommen hätte, ohne mich an die ursprünglich an den amerikanischen Journalistenschulen gelehrte Check-Grundregel zu halten. Umso weniger kam ich in Versuchung, Informationen zu veröffentlichen, die aus Abhörprotokollen stammen und daher auch von Rechts wegen gar nicht überprüft werden können. Dass der Wortlaut solcher polizeilicher Telefonabhörprotokolle seinerzeit sogar zum Gegenstand eines Kabarettprogramms ausgerechnet im Auditorium Maximum der Wiener Universität geworden ist, gehört zum Bild.

Genauso wie Peter Pilz, der »Star« der heimischen Aufdeck-Politiker und Medienfreund, sich nicht scheute, öffentliche, aus Steuergeldern stammende Klubförderungsgelder zu verwenden, um einen Plagiat-Spürhund zu bezahlen. Pilz hatte in diesem Fall erst gar nicht auf das »Zuspielen« warten müssen und das Ergebnis entsprechend »vermarktet«. Solche krumme »Aufdeckpolitik« scheint mir eine Gefahr für den Parlamentarismus und somit für die Demokratie zu sein.

Ich will in diesem Zusammenhang nicht verhehlen, dass ich eine »klammheimliche« Freude empfand, als der Aufdecker selbst aufgedeckt zu werden schien. Derselbe vermeintliche Detektiv, den Pilz auf »Dissertationsschwindler« angesetzt hatte, hatte herausgefunden, dass auch der grüne Parlamentarier seine Doktorarbeit nicht so verfasst zu haben schien, wie das Gesetz es befahl. Es musste offenbar so kommen. Ich gebe zu, ich hatte lange auf etwas Ähnliches gewartet. Oder – um einen Politiker zu zitieren, der für Peter Pilz kein Unbekannter sein dürfte, nämlich Lenin: Vertrauen ist gut, Kontrolle ist besser.

Was wieder den Begriff »Kontrolle« und die Aufgabe der Medien aktuell macht. Sie haben sich in diesem Land und in dieser Hinsicht bewährt, vor allem dadurch, dass sie, wo und wann es ihnen möglich war, hinter die nun so oft schon genannten Kulissen der Politik blickten und auch der Öffentlichkeit die Möglichkeit geboten haben, dies zu tun.

In der Tat: Sie wissen viel, die Journalisten. Wir Journalisten. Wir wissen viel, aber es geht uns wie dem Famulus Wagner im »Faust«: Zwar wissen wir viel, doch wollen wir alles wissen. Ob wir all unser Wissen dann auch preisgeben, ist eine ganz andere Sache. Es gibt Informationsträger, die für die Medien vor allem interessant sind, weil sie mit ihren Informationen recht freigiebig umgehen. Sie handeln auch – siehe »Wie man hört« – mit Gerüchten und finden publizistische Verwerter, die das »Check, Re-check, Double-check« leicht nehmen oder gleich ganz missachten.

Es ist interessant, dass solches in den österreichischen Medien zwar vielfach geübt wird, aber nur, was politische Belange betrifft. Der Blick hinter die Kulissen ist bei uns nicht ein Blick hinter die Vorhänge der Schlafzimmer. Da sind wir diskret. Noch immer wird über sexuelle Eskapaden von Menschen der Politik kaum oder gar nichts gemeldet, geschrieben, kommentiert – es sei denn, sie legen selbst Wert darauf.

Wir wissen viel, wir wissen fast alles. Aber die österreichischen Medien, vor allem die Zeitungen und auch die Magazine, sind diesbezüglich schweigsamer als jene in anderen Ländern.

Gewiss gibt es bekannte Politiker und Politikerinnen, die sich »outen«, die ihre sexuellen Prämissen bekannt geben: der Berliner Bürgermeister, der deutsche Außenminister, der Bürgermeister von Paris, die österreichische grüne EU-Abgeordnete, von Bühnen- und Kabarettstars beiderlei Geschlechts nicht zu reden – wir wissen es, die Öffentlichkeit weiß es.

Aber wir wissen noch viel mehr – und geben es nicht bekannt. Das »Wer mit wem« kursiert in den Redaktionen, ist auch zumeist in der Öffentlichkeit bekannt – aber es wird nicht bekannt gegeben. Es bleibt privat, auch wenn es sich um Vertreter der Spitzenpolitik oder gar des Klerus handelt. Ich glaube, dass sich die österreichische Medienlandschaft da eine ganze Serie von Pluspunkten aufschreiben darf. Wenn Tonbänder veröffentlicht oder abgehörte Telefonate publiziert werden, dann geht es ausschließlich um politische oder wirtschaftliche Machinationen – oder um beides, die ja gemeinhin oft zusammenhängen.

Aber wie es in England geschah, dass der geheime Wunsch des Kronprinzen, er wolle der Tampon seiner Geliebten sein, in den Zeitungen erscheint – das wäre bei uns unmöglich. Noch immer.

Ich glaube, dass sich die österreichischen Medien in dieser Hinsicht nichts, aber auch gar nichts vorzuwerfen haben. Es gibt nicht viele Momente, in denen man die heimische Mediokratie zu loben hat. Dies ist einer.

Mediokratie oder Mediodiktatur?

Auf der Suche nach österreichischen Tycoons

Mediokratie ist offenbar Herrschaft, die auf den »Demos« verzichtet. Das ist der Unterschied zur Demokratie. Oder gibt es am Ende gar eine Mediodiktatur? Wer einen Blick hinter die Kulissen der Politik werfen will, kommt um solche Fragen nicht herum – auch wenn es sich um journalistische Philosophie handelt. Da kommt dann auch gleich die Diskrepanz zwischen öffentlicher und veröffentlichter Meinung ins Spiel. Die beiden klaffen mitunter auseinander.

Die Asylfrage ist eines der besten und wichtigsten Beispiele. Nahezu alle Medien, auch die elektronischen, setzen auf Integration der Zuwanderer. Das Wort »Migrationshintergrund« ist eines der meistgebrauchten dieser Zeit. Aber es wird in der Bevölkerung allzu oft pejorativ verwendet, abwertend, bisweilen sogar diffamierend. Da nützt es auch nichts, dass im ORF und in den Printmedien gegen die Missachtung von Asylanten gewettert wird. Die öffentliche Meinung unterscheidet sich allen Bemühungen der NGOs zum Trotz grundlegend von der veröffentlichten.

Dies wiederum führt zum Problem Qualitätsjournalismus versus Boulevardpresse. Die richtige Definition der beiden Erscheinungsformen in der Medienwelt steht noch aus. »Boulevardpresse« wird gemeinhin mit »Massenpresse« gleichgesetzt. Dagegen steht die Tatsache, dass es in manchen Ländern, etwa in Spanien oder Italien oder England, offensichtliche Qualitätszeitungen mit hoher Auflage gibt. In Österreich gilt die »Krone« als Paradeexemplar eines Boulevardblatts. Mehr noch: Sie ist dank ihrer Reichweite unter der Gesamtbevölkerung die auflagenstärkste Zeitung der Welt. Aber hat sie Meinung? Diktiert sie diese? Wird sie von den Hunderttausenden

Lesern übernommen? Bevor wir uns mit dem Phänomen »Krone« in der österreichischen Politik befassen, sollte noch einmal die Frage der politischen Meinungsbildung erörtert werden, was die Medien betrifft.

Hier ist vor allem zu überlegen, was »führen« heißt. Im Zusammenhang mit der öffentlichen und der veröffentlichten Meinung haben Fachleute ihre eigene Auffassung parat: Führen in der Medienwelt bedeutet, eine allgemeine Meinung aufzuspüren und sich an deren Spitze zu setzen. Mit anderen Worten: Ein Medium erzeugt nicht eine Strömung, sondern es spürt sie und schwimmt dann voran. Vielleicht ist das der wichtigste Unterschied zwischen einer Massenzeitung wie der »Krone« und der sogenannten Qualitätspresse. Andererseits ist nicht zu leugnen, dass auch dieses vermeintliche Führen im Mainstream eine Art von Qualität enthält, nämlich die der journalistischen Spürnase.

Haben die prominenten Vertreter der österreichischen Medienwelt, jene Journalisten, die am österreichischen Medienmarkt Boulevard einerseits, Qualität anderseits repräsentierten, die entsprechenden Spürnasen aufgewiesen? Ich möchte einige von ihnen Revue passieren lassen.

Da ist natürlich in erster Linie Hans Dichand zu nennen. Ich war oft mit ihm beisammen im »Pressehaus«; er lud mich auch gelegentlich zum Mittagessen in ein Restaurant im Wienerwald ein, erkundigte sich gar einmal, ob ich nicht Kolumnist in der »Krone« werden wolle, und weigerte sich zu akzeptieren, dass seine Zeitung »Boulevard« sei.

Wir haben uns immer gut unterhalten können, oft auch gemeinsam mit meinem Vorgänger Otto Schulmeister. Er schien den Zeitgeist vom »Geist der Zeit« zu unterscheiden.

Dichand hat seine Erinnerungen geschrieben und sie »Im Vorhof der Macht« genannt. Darin heißt es:

»›Die Krone‹ in ihrer heutigen Form ist mehr als das Ergebnis eines Würfelspiels des Zufalls. Wir hatten von Beginn an bestimmte Vorstellun-

gen von unserer Aufgabe, und in deren Erfüllung sind wir groß geworden. Um was geht es dabei? Was sind unsere Visionen? Oft wirft man der ›Krone‹ vor, sie übe zu viel Macht aus. Ja, sie erzeuge geradezu den Zeitgeist. Dann heißt es wieder, sie rede den Österreichern nach dem Mund; so könne sie nie falsch liegen, denn sie werde von den Wünschen der Leser getragen und letzten Endes stets dorthin geführt, wo die Leser auch hinwollen. Mir wird manchmal die zweifelhafte Fähigkeit angedichtet, nicht durch die Zeitung die Leser, sondern durch die Leser das Blatt formen zu lassen. Ließe sich eine Zeitung nach einem solchen Rezept, nach einer solchen Patentformel gestalten, dann genügte es ja, die Ergebnisse der Meinungsforschung zu Artikeln umzuformulieren.«

Fast klingt das wie die Rede eines journalistischen Wolfs im Schafspelz. Er ist zwar vielleicht nicht in der Lage gewesen, Regierungen zu »machen« und dem Land seine Meinung zu diktieren, aber dass »machen« und »Macht« nicht nur ähnlich klingen, sondern auf denselben Wortstamm zurückgehen, ist unverkennbar. Die »Krone« ist auch nach dem Tod ihres Herausgebers und Chefredakteurs mächtig geblieben. Allfällige Änderungen in der Politik und ihre Stellungnahmen werden mit Argusaugen verfolgt. Ein Merkmal des Blattes ist, dass alle namhaften Redaktionsmitglieder an einer politischen Schnur ziehen, die sie dann gelegentlich einem oder einer Missliebigen einschnürend um den Hals legen. Wenn man aber bedenkt, dass aus diesem Blatt die immer wieder als Beispiel angeführte Billa-Verkäuferin ihr politisches Wissen und das Regierungsmitglied seine ahnungsvolle Wählerkunde schöpft, ist darin doch ein Qualitätsmerkmal zu finden. So betrachtet, ist die »Krone«, in der auch der Kirchenfürst seine Gedanken zum Evangelium publiziert, eine gute Zeitung. Nichts wäre verfehlter, als zu behaupten, sie werde nur von Dummen gelesen, deren Denkfaulheit sie jeden politischen Kalküls enthebt.

Im Gegenteil: Die »Krone« hat, meine ich, einen keineswegs geringen Anteil von Lesern, die zu den erwähnten Meinungsbildnern, soll heißen der A-Schicht gerechnet werden. Gewiss schlagen sie das kleinformatige Blatt in »Die Presse« oder das »Wall Street Journal« ein, weil sie meinen, dass sie scheel angesehen würden, wenn sie sich offen als »Krone«-Leser deklarierten. Wie falsch! Dichand hat sich mit ausgezeichneten Journalisten umgeben, hat sich freilich in seinem späteren bzw. späten Leben von etlichen getrennt. Da war Richard Nimmerrichter alias »Staberl«, den ich kannte, seit ich bei der »Weltpresse« zum ersten Mal Zeitungsgeruch einatmete. Damals schrieb er als »Richard Nilius« ausgezeichnete Feuilletons. Als kämpferischer Nichtraucher hatte er an seiner Tür ein Blatt befestigt, worauf zu lesen stand: »Es ist freundlich von Ihnen, in diesem Zimmer nicht zu rauchen.« Als ich ihn damals fragte, welche Chancen ich hätte, im Journalismus weiterzukommen, sagte er: »Sie werden schon sehen.« Ich bin dann bis in sein hohes Alter mit ihm befreundet gewesen.

Friedrich Dragon wieder, Dichands Intimus und Blattmacher, war immer der Vierte im Bunde, wenn Otto Schulmeister und ich zusammen mit Dichand im »Ofenloch« einander gelegentlich zum Mittagessen trafen. »Bibi« Dragon musste sich dann nach eklatanten Meinungsverschiedenheiten von der Dichand-Crew verabschieden. Die eigentlichen Ursachen dafür habe ich nie erfahren.

Da war aber auch Ernst Trost, ein exzellenter außenpolitischer Kommentator, der Artikel, den er zu meinem 60. Geburtstag in der »Krone« schrieb, war über alle Maßen liebenswürdig.

Zurück zu Hans Dichand. Er war zweifellos die überragende Figur eines Zeitungsmachers, ja eines Zeitungsschöpfers seit 1945. Und er war ehrlich. Für mein Buch »1938 – Anatomie eines Jahres«, erschienen 1987 im Ueberreuter-Verlag, schrieb er einen Beitrag über die Anschlusstage, wie er sie als Halbwüchsiger erlebte. Unter anderem schilderte er auch einen Besuch des »Führers« in der steirischen Metropole:

»Am 3. April ist Hitler in Graz. Auch ich will ihn sehen und stehe über vier Stunden lang im Landhaushof, bis er nach einer Triumphfahrt eintrifft: Das dumpfe Brausen der Heilrufe kündigt sich schon von Weitem an, ver-

stärkt sich, je näher er kommt, orkanartig. Als er den altehrwürdigen Hof betritt, herrscht totale Stille – nur seine Schritte hallen auf den steinernen Platten. Er ist schlanker, als ich ihn mir vorgestellt habe. Seine marmorne Blässe fällt mir auf und sein scharfer Blick. Ein unheimlicher Ernst umgibt diesen Mann, der sich ganz offensichtlich dazu auserwählt fühlt, in die Geschichte einzutreten. Wie ein Magier wirkt er – vielleicht hätte man im gottnahen Mittelalter das Dämonische an ihm früher erkannt …«

Dichand und seine »Krone« haben sich nie in dem Maße wie andere österreichische Blätter am Schleudern der Nazikeule beteiligt. Vielleicht gibt ein anderer Ausschnitt aus seinem Beitrag für mein Buch eine Begründung:

»Bis heute gehen die steirischen Uhren etwas anders als die in Wien. Das war selbst während der ungemein straffen Diktatur des Dritten Reiches spürbar. Die neuen Machthaber handeln danach. So versuchen sie sogar den Steueranzug und das Dirndlkleid zu Zeichen nationalsozialistischer Gesinnung umzufunktionieren. Bodenständigkeit und Brauchtum werden gehegt.«

Hans Dichand war ein Steirer. Sein weltanschauliches Fundament habe ich persönlich nicht ausloten können. Als Viktor Reimann, einst Vertreter des VdU (Vorfahre der FPÖ) im Parlament, dann Schriftsteller und Kolumnist in der »Krone«, wie ich mich zu erinnern glaube, antisemitische Töne laut werden ließ, ist er in diesem Blatt nicht mehr aufgeschienen. Andererseits hat Dichand zeitweilig ein Faible für Jörg Haider gezeigt. Er war zwar, wie Hans Janitschek als Buchtitel gewählt hat, »nur ein Journalist«, aber immerhin einer, der mit dem Staatsoberhaupt der Republik zu Kaffee und Gugelhupf zusammengetroffen ist. Er wurde dabei gefilmt, der Streifen blieb den Österreichern verborgen. »Nur ein Journalist«, aber, wie mir scheint, einer, der diesen Staat medial in seinen Fängen gehalten hat wie kein Zweiter nach 1945.

Dementsprechend war auch sein Begräbnis. Der Bundespräsident war nicht dabei, wohl aber die restliche Spitze der heimischen Politik. Man wusste, wem Ehre gebührt.

War er ein Tycoon österreichischer Prägung? Wohl nicht, weil ihm nur eine einzige Zeitung gehörte, die allerdings mit Bundesländer-Ausgaben.

Ein Tycoon im eigentlichen Sinn ist möglicherweise Fritz Molden gewesen, der eine Zeit lang, wie es heißt, fast so etwas wie ein Zeitungsmagnat gewesen ist. Auf der Gerüchtebörse der Medienwelt hieß es sogar, dass er die »Krone« kaufen wollte. Dass nach dem Höhenflug des Herausgebers und Verlegers der Absturz folgte, ist dann für viele nicht unerwartet gekommen. In erfrischender Ehrlichkeit hat Molden in seinem Buch »Der Konkurs« seine diesbezüglichen Erfahrungen geschildert.

Als er mich anno 1955, damals als Nachfolger seines Vaters Ernst Molden Eigentümer und Herausgeber der »Presse«, zu dieser Zeitung holte, hatte er sich nur als später vielseitiger Zeitungsmann, aber noch nicht als Buchverleger betätigt.

Die erwähnte Vielseitigkeit hatte er freilich bereits seit seiner frühen Jugend erwiesen. Er war im Widerstand gewesen, dann eine Zeit lang Sekretär des damaligen Außenministers Karl Gruber. Lachend erzählte er mir, dass er – es war wohl 1946 gewesen – seinem Chef mitteilte, dass im Vorzimmer ein Herr warte, der sich für eine Position im vor Kurzem neu gegründeten Außenministerium interessiere. Er sei aus Schweden gekommen und heiße Bruno Kreisky. Es kam dann nicht dazu, der Herr mit dem rötlichen Haar fuhr zurück nach Skandinavien. Dafür wurde wenig später jemand anderer, der ebenfalls im Vorzimmer ausgeharrt hatte und mit dem Molden das erste Gespräch führte, als Jungdiplomat engagiert. Er hieß Kurt Waldheim.

Fritz Molden, der Vielseitige. Oder auch: der Abenteurer als Herausgeber? Er war einer der Ersten, der während der »Ungarn-Revolution« nach Budapest gefahren ist, um zu berichten. Ich habe an anderer Stelle darüber geschrieben. Er hat die Südtiroler »Dissidenten« unterstützt, sich freilich zurückgezogen, als sie sich als »Bumser« erwiesen. Später schickte er mich als Sonderkorrespondenten nach Südtirol, um über die Situation zu berichten. Es war die Zeit, als – wie mir der damalige »Presse«-Lokalchef Ludwig Derka erzählte, ich habe es nicht überprüfen können – auf dem Bozener Hauptbahnhof zwei junge Männer festgenommen wurden, weil sie uniformierte Carabinieri provoziert hatten. Sie hatten im Vorbeigehen als Beleidigung empfundene Darmgeräusche von sich gegeben. In einer Zeitung sei dann laut Derka gestanden: »Vom Winde geschmäht«.

Noch einmal: Fritz Molden, der Vielseitige. Einer, der menschliche Qualitäten erkannte. Sein wichtigster Mitarbeiter im Buchverlag ist damals Gerd Bacher gewesen, der spätere oftmalige Generalintendant des ORF. Molden, der Verleger, produzierte damals vermeintliche Bestseller. Vermeintlich: Denn die Memoiren der Stalin-Tochter wurden ein Flop, auch »Die Dornenvögel« der australischen Schriftstellerin Colleen McCullough blieben liegen, bis das Buch eine Fernsehserie wurde. Aber da war es schon zu spät. Molden, der »Presse«-Eigentümer. Als ich ihn bei der ersten Audienz mit »Herr Direktor« anredete, wurde er fast ungnädig: »Ich heiße Molden, ich beschäftige Direktoren!«

Er war vielseitig, in der Tat. Er war Buchautor, er kreierte eine Fernsehserie über Auslandsösterreicher, er war auch Präsident des Auslandsösterreicher-Werks. Als solcher fuhr er in offiziellem Auftrag nach Übersee, um in der Causa Waldheim allfällige Skepsis zu bereinigen – was ihm freilich nur teilweise gelang, obgleich er in der ersten Nachkriegszeit im österreichischen Informationsdienst in New York gearbeitet hatte.

Bei meinem ersten Vorstellungsgespräch in der »Presse« war auch Otto Schulmeister anwesend, der stellvertretende Chefredakteur, später mein Vorgänger. Dass er ein CIA-Zuträger gewesen sein soll, kann ich bis heute nicht glauben, obzwar es in amerikanischen Akten vermerkt war. Dass er, nehmt alles nur in allem, ein gläubiger Mensch gewesen ist, weiß ich. Dass er seinen Glauben als junger Mensch in der Vorkriegs- und Kriegszeit auch politisch zeigte, haben Missgünstige zur Genüge dargetan. Dass er dann im »Judenblattl«

bis zum langjährigen Chef und gesuchten Diskussionsredner aufstieg, war für jene (und auch für mich) selbstverständlich, die von der geistigen Kapazität und der publizistischen Qualität Schulmeisters überzeugt waren.

Ja, auch er ist eine der großen Gestalten des Wiener Pressewesens gewesen. Er hatte jenes gewisse Etwas, das Qualifikation mit Routine kombiniert. Vor Jahren schickte er mich zu einer Recherche ins Hotel Sacher. Dort logierte gerade ein junger deutscher Politiker, den ich interviewen sollte. »Er ist, glaube ich, Ministerpräsident eines Bundeslandes. Aus dem könnte noch etwas werden!« Also sprach Otto Schulmeister. Mein Interviewpartner hieß Helmut Kohl. Das Gespräch war interessant. Schulmeister hatte recht geahnt. Es ist noch etwas geworden aus diesem jungen deutschen Politiker.

Unter Schulmeisters Freunden in der österreichischen Politik stachen zwei besonders hervor. Einer war Heinrich Drimmel, langjähriger Unterrichtsminister. Der zweite ist der in diesem Buch schon ausführlich beschriebene Josef Klaus gewesen. In seinen Memoiren schrieb er über den seinerzeitigen »Presse«-Chefredakteur:

»Otto Schulmeister, dem ich schon in den dreißiger Jahren im Verlauf meiner freundschaftlichen Beziehungen über den Zaun zwischen Couleurstudententum und Jugendbewegung hinweg begegnet war, den ich als Salzburger Landeshauptmann fast bei jedem Besuch in Wien in seiner ›Wort und Wahrheit‹-Redaktion im Säulenstiegentrakt der Hofburg zu einem Gespräch aufsuchte und den ich Mitte der sechziger Jahre als den idealen österreichischen Unterrichtsminister gesehen hätte, sagt in einer ›Welt, die wir verlassen‹ manches Ähnliche zum Thema Ideologie.«

Wir von der »Presse« hatten damals natürlich längst gehört, welche Ehre Schulmeister mit diesem Ministerangebot bekommen und dann ausgeschlagen hatte. Als er nach seiner endgültigen Absage in die Redaktionskonferenz kam, blieb er an der Tür stehen und sagte: »Na, was ist mit der Bundeshymne?« Wir lachten.

Noch einen anderen Journalisten würde ich gleichfalls unter die österreichischen Tycoons reihen: Oscar Bronner. Er war vielseitig wie Molden – vielleicht war dies einer der Gründe, warum er den seinerzeitigen »Presse«-Herausgeber und späteren Verleger eine Zeit lang als Konsulenten des »Standard« beschäftigte. Auch »trend« und »profil« gehörten zeitweilig zu seinem Imperium.

Bronner: Zeitungsmann, Blattmacher, auch Maler, Emigrant und Remigrant. Ich halte ihn für einen der erfolgreichsten Herausgeber seit dem Krieg. Ich weiß, was es heißt, eine sogenannte Qualitätszeitung aus dem Nichts ins Leben zu rufen – finanziell, aber auch journalistisch. Wir in der »Presse« waren über die neue Konkurrenz anfangs mehr als skeptisch. Auch ich war es in hohem Maße. Heute bin ich es nicht mehr. Später hat man uns, Bronner und mich, bei offiziellen Anlässen für Fotos oft nebeneinander gestellt. Ich fühlte mich geschmeichelt. Er ist jünger als ich.

Gerd Bacher ist älter. Und er ist kein Tycoon. Allein, er ist Medienzar – oder nicht? Er ist anfangs in verschiedenen Blättern erfolgreicher Chefredakteur gewesen, bevor er zu Molden und schließlich in den Olymp der heimischen Medien kam, als Chef in den ORF. Er war in der Tat ein Zar, made in Austria. Er hat den österreichischen Rundfunk erst geschaffen, vorher war er – ja, eben nicht der ORF. Es ist müßig, unter jene Politiker, deren Namen gleichbedeutend mit einer Ära sind, auch Bacher zu reihen. Seine Ära war eine ganz eigene, vor und hinter den Kulissen der Politik. Er will (und kann?) heute mit dem, was hinter den erwähnten politischen Kulissen geschieht, nichts mehr zu tun haben. Er hat genug gesehen, gehört und mitgewirkt, um jenes Wort zu verwenden, das einmal zum Missgeschick der ÖVP geführt hat: Es reicht! Aber wann reicht es wirklich?

Epilog

Journalisten sollten eigentlich keine Memoiren schreiben.

Sind es nun doch Memoiren geworden – oder nicht?

Ich habe Momentaufnahmen festgehalten. Eindrücke. Man könnte variieren, was früher einmal in anderer Hinsicht und in anderem Bezug gesagt worden ist: Ich habe Politiker gesucht und siehe, es waren Menschen. Menschen im Widerspruch. Auch das ist bereits gesagt worden.

Noch etwas darf wiederholt werden: Von der Parteien Gunst und Hass verwirrt, schwankt sein – ich ändere: schwankt ihr Charakterbild in der Geschichte. Das Charakterbild jener, die spielen. Darf ich ein zusätzliches Zitat draufsetzen? Diesmal von Shakespeare: »Die ganze Welt ist Bühne und alle Frauen und Männer bloße Spieler.«

Es sollte kein Geschichtsbuch werden, das ich geschrieben habe, und auch keine historische Fibel. Hinter den Kulissen der Politik ist vielmehr das menschliche Allzu-Menschliche zu spüren. Man sollte es zutage fördern. Ich habe versucht, meine ganz persönlichen Eindrücke zu schildern. Von den Begegnungen zu erzählen, die mir mein Beruf ermöglicht hat – der schönste, beste, interessanteste Beruf von allen, die ich mir vorstellen kann.

Der Mensch ist ein »Zoon politikon«. Es mit »politisches Tier« zu übersetzen, wäre falsch – doch nicht, wenn man »Lebewesen« sagt. Ob dies auch auf die Österreicher zutrifft, wage ich zu bezweifeln. Der Demokratie fehlt, wie ich bereits anmerkte, vielfach der Demos. Das Wählervolk bleibt das, was der Begriff sagt: ein Volk von Wählern. Dazwischen ist nicht gerade Grabesstille, aber Ruhe. Die Wahlbeteiligung sinkt von Mal zu Mal. Noch gibt es keine Untersuchungen darüber, ob sich die Senkung des Wahlalters auf 16 Jahre gelohnt hat. Ich glaube nicht. Politik ist für die meisten Jungen fast schon unappetitlich geworden. Obwohl der Staat fast durchpolitisiert ist. Die Parteinähe der Akteure, in Klammer beigefügt, wird fast schon in jedem Theaterprogramm vermerkt. Der Prozentsatz der Bevölkerung an Mitgliedern politischer Gesinnungsgemeinschaften ist nicht nur der höchste in der EU, sondern in ganz Europa, heißt es. Aber die Zahl junger Menschen, die sich ernsthaft für Politik interessieren und sich vielleicht sogar entschließen, in ihr zu arbeiten, ist bestürzend gering. Das beginnt schon bei den Hochschülerschaftswahlen, deren Beteiligung knapp über der Wahrnehmungsgrenze liegt. Umso vollmundiger äußern sich die Mandatare.

Doch fällt mir dann immer die gar nicht scherzhafte Interpretation jener fünf Vokale A, E, I, O, U ein, die Friedrich III. zu seinem Signum gewählt hat und deren Bedeutung man bis heute nicht weiß. Die Übersetzung reicht von »Austria erit in orbe ultima« bis zu »Alles Erdreich ist Oesterreich untertan«. Das ist gewiss Schnee vom vorigen Jahr. Ich ziehe vor, was Menschen sagen, die dieses Land lieben: »Allen Ernstes ist Oesterreich unersetzlich!« Ich glaube, dass sie recht haben. Ich bin, wie gesagt, ein Patriot.

Danksagung

Dieses Buch wäre nicht entstanden, wenn mir nicht viele dabei geholfen hätten. Vor allem jene, die noch in meiner Erinnerung leben, obgleich sie längst in den Olymp heimischer Politik heimgegangen sind, die Staatsgründer, die Helfer beim Wiederaufbau der Republik. Ich muss mich bei jenen bedanken, die mir bereitwillig Auskünfte gegeben und ihre Gedanken vor mir ausgebreitet haben. Ich danke meinen Kollegen und Kolleginnen, die mitgeholfen haben, mein Gedächtnis zu stützen. Ich hätte dieses Buch nicht schreiben können ohne die Hilfe des »Presse«-Archivs und seiner Mitarbeiter mit Günther Haller an der Spitze. Und ohne Elisabeth Razumovsky und Gabriele Schenk, die das getan haben, was ich nie im Leben zusammengebracht hätte: Schreiben. Mit dem PC umzugehen und ihm meine Gedanken einzugeben. Quod erat demonstrandum.